AF191715

1

Impressum
© 2000
Alle Rechte beim Herausgeber bzw. den
Autoren
Stiftung Pädagogische Akademie Burgenland
A-7001 Eisenstadt, Wolfgarten
Herstellung, Druck und Vertrieb: Libri Books on
Demand, Norderstedt
Umschlaggestaltung und Foto: Johann Pehofer
ISBN: 3-8311-0792-0

Stiftung Pädagogische Akademie Burgenland

Pädagogica
Pannonia

2/2000

Beiträge zu Theorie und Praxis der Pädagogik
Herausgegeben von Johann Pehofer

Inhalt   2/2000

Johann Pehofer

Pädagogik und Konstruktivismus

Eine Einführung

Das Wissenschaftsverständnis des Konstruktivismus hat in den letzten Jahren in der Pädagogik eine vermehrte Bedeutung bekommen. Die pädagogische Theorie findet hier, beeinflusst durch Strukturen der Informations- und Mediengesellschaft[1], ein theoretisches Konstrukt, das dem Aufbau von Wissen in unserer Gesellschaft weitgehend entgegenkommt: Die These des Konstruktivismus, dass unsere Kenntnis der Realität nur unseren Erkenntnismitteln und -organen zu verdanken ist, lässt sich in die Medienwirklichkeit insofern übertragen, als diese die Wirklichkeit ebenfalls "medial" strukturieren und somit konstruktivistisch funktionieren.

Dabei stellt der radikale Konstruktivismus ist keine homogene Doktrin dar, sondern ist ein Diskurszusammenhang, der auf empirisch - wissenschaftlicher Grundlage basiert. Er stellt damit eine empirisch begründete alternative Theorie zum neuzeitlichen Wissenschaftspositivismus dar.

---

[1] Vgl. dazu auch: Pehofer, Johann: Verlust der Pädagogik durch Neue Medien? Internet:
http://members.aon.at/pehofer , 19.2. 2000

Der radikale Konstruktivismus

Ernst von Glasersfeld, der Begründer des radikalen Konstruktivismus, legt seinen Überlegungen folgende Prinzipien zugrunde:

- Wissen wird vom denkenden Subjekt nicht passiv aufgenommen, sondern aktiv aufgebaut.
- Die Funktion der Kognition ist adaptiv und dient der Organisation der Erfahrungswelt, nicht der Entdeckung der ontologischen Realität[2]

Da jede Erkenntnis nur eine Anpassung des Wissbaren an unsere Erkenntnismittel darstellt, kann es daher auch keine allgemeine Wahrheit geben. Wahrheit ist ein Konstrukt, das das Erkannte an die individuellen Erkenntniskategorien anpasst: In meinem Erkennen existiert nur meine eigene Realität oder wie es Heinz von Foerster, ein weiterer Vertreter des radikalen Konstruktivismus, formuliert hat: "Die Umwelt, so wie wir sie wahrnehmen, ist unsere Erfindung"[3]
Glasersfeld benutzt dabei einen instrumentalistischen bzw. pragmatischen

---

[2] Glasersfeld, Ernst von: Radikaler Konstruktivismus. Ideen, Ergebnisse, Probleme. Frankfurt am Main 1996, Seite 33
[3] Foerster, Heinz von: Das Konstruieren einer Wirklichkeit. In: Watzlawick, Paul (Hrsg.): Die erfundene Wirklichkeit. Wie wissen wir, was wir zu wissen glauben. Beiträge zum Konstruktivismus. München 1985, Seite 40

Wissensbegriff, demgemäss Wissen in der Konstruktion begrifflicher Gebilde besteht, die noch nicht mit der Erfahrungswelt in Konflikt geraten sind. Diese Konstrukte stimmen nicht mit der ontologischen Welt überein, sondern sie müssen nur in das Gesamtkonzept von Erfahrung passen.

Die Bedeutung für Lehren und Lernen
Der Radikale Konstruktivismus formuliert mit Hilfe von Piagets Theorie der kognitiven Entwicklung folgende Grundprinzipien für den Bereich des Lernens:

- „Wissen wird nicht passiv aufgenommen, weder durch die Sinnesorgane noch durch Kommunikation.
- Wissen wird vom denkenden Subjekt aktiv aufgebaut.
- Die Funktion der Kognition ist adaptiver Art, und zwar im biologischen Sinne des Wortes, und zielt auf Passung oder Viabilität;
- Kognition dient der Organisation der Erfahrungswelt des Subjekts und nicht der 'Erkenntnis' einer objektiven ontologischen Realität."[4]

So müssen diese Annahmen in konstruktivistischer Lernumgebungen umgesetzt

---

[4] Glasersfeld, Ernst von: Radikaler Konstruktivismus. Ideen, Ergebnisse, Probleme. Frankfurt am Main 1996, Seite 96

werden. Das betont auch die Eigenverantwortung und Handlungsfähigkeit des Individuums, das für seine Wirklichkeitskonstruktionen ebenso verantwortlich ist wie für die Gesellschaft, welche es mitkonstruiert: "Wir erzeugen die Welt, in der wir leben, buchstäblich dadurch, daß wir sie leben"[5].

Die für die Pädagogik bedeutsamen Begriffe Wissen und Sinn erhalten so eine neue, pragmatische Bedeutung: Wissen ist gleichzusetzen mit einem angemessenen Handeln, das weitere Möglichkeiten eröffnet: "Willst du erkennen, lerne zu handeln"[6].

Daher ist eine Wissensvermittlung im herkömmlichen Sinn aus konstruktivistischer Sicht unmöglich. Wissen entsteht danach als eine eigenständige Schöpfung des Einzelnen, ohne dass die Übertragung von Informationen zwischen den am Lernprozess beteiligten möglich ist:

- „Wissen ist unabgeschlossen.
- Wissen wird individuell und in sozialen Bezügen konstruiert.

---

[5] Maturana, Humberto R.: Erkennen. Die Organisation und Verkörperung von Wirklichkeit. Ausgewählte Arbeiten zur biologischen Epistemologie. Braunschweig und Wiesbaden, 1982 Seite 269
[6] Foerster, Heinz von: Das Konstruieren einer Wirklichkeit. In: Watzlawick, Paul: Die erfundene Wirklichkeit. Wie wissen wir, was wir zu wissen glauben. Beiträge zum Konstruktivismus. München 1985, Seite 60

- Lernen ist ein aktiver Prozess.
- Lernen erfolgt in vieldimensionalen Bezügen.
- Unterrichtsgestaltung ist vordringlich eine Frage der Konstruktion.
- Lernende erfahren so wenig Außensteuerung wie möglich.
- Lehrende fungieren als Berater/Mitgestalter von Lernprozessen.
- Unterrichtsergebnisse sind nicht vorhersagbar."[7]

Erkenntnis bedeutet demnach im Sinne des Konstruktivismus nicht mehr die identische Übereinstimmung mit einer absoluten Wirklichkeit, sondern die Suche nach passenden Verhaltens- und Denkweisen für diese Wirklichkeit, die wir antreffen. An Stelle der Abbildung tritt die zweckorientierte Anpassung: wir erschließen uns unsere Umwelt auf unsere jeweilige individuelle Art. Das bedeutet keine neue Weltanschauung, sondern ist ein mögliches Modell der Erkenntnis in uns als in kognitive Lebewesen, die so fähig sind, sich auf Grund ihres eigenen Erlebens und Vorwissens eine eigene Welt zu bauen.

Das betont auch die Eigenverantwortung und Handlungsfähigkeit des Individuums, das für seine Wirklichkeitskonstruktionen ebenso

---

[7] Mandl, H.; Reinmann - Rothmeier, G.: Unterrichten und Lernumgebungen gestalten. (Forschungsbericht Nr. 60). München 1995. Seite 48

verantwortlich ist wie für die Gesellschaft, welche es mitkonstruiert: "Wir erzeugen die Welt, in der wir leben, buchstäblich dadurch, daß wir sie leben"[8].

Folglich müssen auch Lernen und Bildungserwerb neu gesehen werden: Jeder Lernprozess ist konstruktiv und es muss daher Ziel des Unterrichts sein, den Lernenden Konstruktionen zu ermöglichen und diese anzuregen.

Dieser Lernprozess kann nur interaktiv erfolgen. Daher wird es Aufgabe der Pädagogik sein, Konzepte zu entwickeln, die es ermöglichen, diesen Grundsätzen zu entsprechen. Das kann nur bedeuten, dass Schüler unterstützend zu begleiten sind und ihnen hilfreiche Instruktionen anzubieten"[9]

Unter dieser erkenntnistheoretischen Prämisse des Konstruktivismus ist die Weitergabe von Wissen als Instruktion wenig wirksam, da der Aufbau des Wissens auf unterschiedlichen

---

[8] Maturana, Humberto R.: Erkennen. Die Organisation und Verkörperung von Wirklichkeit. Ausgewählte Arbeiten zur biologischen Epistemologie. Braunschweig und Wiesbaden, 1982 Seite 269

[9] Vgl. Mandl, H.; Reinmann - Rothmeier, G.: Unterrichten und Lernumgebungen gestalten. (Forschungsbericht Nr. 60). München 1995. Seite 53

Voraussetzungen beruht und daher bei jedem Beteiligtem unterschiedlich ist. Es wird daher die Aufgabe einer zukünftigen Pädagogik sein, hier entsprechende didaktisch – methodische Konzepte zu entwickeln.

Barbara Heier, Johann Pehofer

Kreativität im Grundschulbereich[10]

Einleitung

Kreativität - kreativ zu leben - stellt eine Herausforderung für uns alle dar. Zahlreiche Hindernisse finden wir auf dem schöpferischen Lebensweg, Hindernisse, die in unserem eigenen Leben begründet liegen, in unserer Beziehung zu anderen Menschen, in unserer sozialen Umgebung. J. P. Guilford publizierte "fruchtbare" Arbeiten im Bereich der Psychologie, die das Interesse an der Thematik "Kreativität" rapide ansteigen ließ. Es wurden viele Abhandlungen geschrieben, die dieses Thema zum Inhalt haben, zahlreiche Studien haben dieses Problem bearbeitet. In früheren Jahren unterschätzte man die schöpferischen und gestalterischen Fähigkeiten zugunsten von Erkenntnis- und Gedächtnisleistungen sowie der Fähigkeit, erworbenes Wissen anzuwenden. Jedoch führte die steigende Wertschätzung des kreativen Denkens in den vergangenen Jahren stillschweigend eine Abwertung des üblichen, des rationalen und sogar des logischen Denkens herbei. Dabei weiß eigentlich niemand genau,

---

[10] Durch die gegenwärtige Kreativitätsdiskussion bekam dieser Artikel – der eine Überarbeitung der Hausarbeit von Barbara Heier an der Stiftung Pa Burgenland darstellt - neue Aktualität.

was Kreativität und kreatives Denken im einzelnen bedeuten.

Ein zentrales dieser Arbeit ist, dass Lehrer ihre eigene Innovationsfähigkeit und Kreativität erweitern und sie zur Entwicklung von eigenen Lehrmethoden und -materialien einsetzen und dadurch die Schüler zu schöpferischem Tun und Denken ermuntern.

Kreativität - was ist das?

Kreativität ist der eingedeutschte Begriff des angloamerikanischen "creativity"; dieser wurde vom lateinischen Wort "creare" = zeugen, gebären, schaffen, erschaffen, abgeleitet. Diese Bezeichnung gebrauchen wir seit den fünfziger Jahren und umschreiben damit schöpferisches Vermögen, das sich im menschlichen Handeln oder Denken realisiert.

Kreativität ist gekennzeichnet durch Neuartigkeit oder Originalität und durch einen sinnvollen und erkennbaren Bezug zur Lösung technischer, menschlicher oder sozialpolitischer Probleme. Anwendung findet der Begriff "Kreativität" bei wissenschaftlichen Entdeckungen, technischen Erfindungen und künstlerischen Produktionen. Sowohl Wissenschaft und Wirtschaft, Kunst und Alltagskultur, Politik als auch das soziale Leben sind auf kreative Ideen angewiesen. Bei Innovation und Risikobereitschaft, bei Prognosen und bei Akzeptanzfragen, die für die gemeinsame Zukunftsgestaltung unserer hochindustrialisierten Gesellschaft stellt Kreativität eine magische Größe dar. Kreativität kann sich auf alle Gebieten menschlicher Tätigkeit vollziehen. In Hinblick auf die Persönlichkeit lässt sich kreatives Verhalten als "Fähigkeit zur Umgestaltung" definieren (vgl. WEBER 1991, S. 64; HÖHLER 1986, S. 33ff.; SCHIER, LODDENKEMPER 1980, S. 32; FENEK 1989, S. 11; WEHLE 1973, S 110 f.).

Definitionsversuche von Kreativität
"Kreativität ist die Fähigkeit des Menschen, Denkergebnisse beliebiger Art hervorzubringen, die im wesentlichen neu sind und demjenigen, der sie hervorgebracht hat, vorher unbekannt waren. Es kann sich dabei um Imagination oder um eine Gedankensynthese, die mehr als eine bloße Zusammenfassung ist, handeln. Kreativität kann die Bildung neuer Systeme und neuer Kombinationen aus bekannten Informationen involvieren sowie die Übertragung bekannter Beziehungen auf neue Situationen und die Bildung neuer Korrelate. Eine kreative Tätigkeit muss absichtlich und zielgerichtet sein, nicht nutzlos und phantastisch - obwohl das Produkt nicht unmittelbar praktisch anwendbar, nicht perfekt oder gänzlich vollendet sein muss. Es kann eine künstlerische, literarische oder wissenschaftliche Form annehmen oder durchführungstechnischer oder methodologischer Art sein" (DREVDAHL; zit. n. SCHIFFLER 1978, S. 11).
"Kreativität ist die Fähigkeit, neue Zusammenhänge aufzuzeigen, bestehende Normen sinnvoll zu verändern und damit zur

17

allgemeinen Problemlösung in der gesellschaftlichen Realität beizutragen" (WOLLSCHLÄGER; zit. n. SCHIFFLER 1978, S. 11).

Kreativität ist ein generell entwickelbares Potential, das durch fördernde und hemmende Faktoren wesentlich beeinflusst werden kann. Für den Unterricht sind methodisch-didaktische Überlegungen und Entscheidungen wichtig, um die Faktoren der Kreativität wie Originalität, Flexibilität, Phantasie, Problemsensitivität, Geläufigkeit, ... zu fördern.

Der kreative Prozess
Der kreative Prozess ist gekennzeichnet von einer besonderen Art des problemlösenden Denkens (divergierendes Denken) und durch einen damit verbundenen Phasenablauf (Produktionsstufen) (vgl. KÖPPEL 1988, S. 2). In Problem- und Konfliktsituationen führt ein kreativer Prozess zu optimierenden Umstrukturierungen. Psychische Prozesse, die erfahrbaren Wirklichkeits- und Wirkcharakter haben, sollen als einsehbare, nachvollziehbare Möglichkeiten kreativer menschlicher Problemlösung kennen gelernt und ihre Wirkungsweisen sollen verstanden und kriteriell bestimmt werden. Kreative Prozesse sind entweder in ein Problem-Zielverhältnis eingespannt und dienen einer situations- und konfliktbezogenen Problemlösung. Dies tritt überall dort in Aktion, wo eine gegebene Situation als unbefriedigend erlebt wird, ein Weg,

eine befriedigende Situation herzustellen , ist noch unbekannt. Die Zielvorstellung über mögliche Lösungen kann klar oder nur geahnt sein.

Kreative Prozesse können auch eine nicht zielbezogene, mit den aktuellen Situationsmöglichkeiten operierende Umstrukturierung darstellen, die in sich selbst sinnhaft ist. Diese Prozesse sind künstlerischer, freiproduktiver Art. Die Umstrukturierung ist dabei selber als Ziel anzusehen und insofern selbstzweckhaft.

Der kreative Prozess wird vorerst als erfahrbare Verlaufsfunktion betrachtet. Der erfahrbare Verlauf, handle es sich um einen individuellen oder gruppenorientierten kreativen Prozess, soll beobachtbar, darstellbar und interpretierbar gemacht werden. Der beobachtbare Verlauf bildet die Voraussetzung für die inhaltliche Bedeutung, für die psychologische Interpretation, für die funktionell-strukturelle Darstellung und für den Modellentwurf. Verschiedene Zugänge zur Kreativität haben hierbei Bedeutung:

- *Die kreative Prozess-Funktion:* Sie stellt den erfassbaren Ablauf des kreativen Prozesses dar.

- *Die kreative Prozess-Struktur:* Sie umfasst die Bedingungen, Zusammenhänge und Gesetze des kreativen Prozesses. Sie stellt eine rational gefasste Überlagerung des Prozessverlaufes dar, wobei der Raster der Interpretation psychologischer, topologischer, zeitgesetzlicher, inhaltlicher Art sein kann.

- *Die kreative Modell-Struktur* stellt eine Abstraktion der Prozess-Struktur, in Form einer typologisierten Strukturerfassung, dar. Der Sinn der Modellbildung liegt in der damit gegebenen Möglichkeit, den Prozess zum Zweck des überprüfbaren Nachvollzuges und der aktiven Handhabung und Steuerung zu simulieren. Mit der Sichtbarmachung des kreativen oder problemlösenden Prozesses sind enorme Schwierigkeiten verbunden. Es handelt sich dabei vor allem um ein Problem der Explikation impliziter Abläufe beziehungsweise der Entkodifizierung manifester Abläufe (vgl. ROHR 1975, S. 15 ff.)

Das divergierende Denken
Divergierendes Denken zielt auf mehrere Lösungswege ab und lässt prinzipiell mehrere Lösungen zu. Bei der Lösung eines Problems zieht man möglichst viele Bewusstseinsebenen und Assoziationsfelder mit ein. Oft gelangt man so auf Um- und Irrwegen auf außergewöhnliche, unerwartete Ergebnisse (vgl. KÖPPEL 1988, S. 2).
Die Aufgabe beim divergierenden Denken besteht darin, eine Vielzahl von eigenständigen Ideen zu produzieren, wobei richtige und falsche Ergebnisse nie im voraus bekannt sind. Das divergierende Denken bewegt sich, ausgehend vom Bekannten, in mehrere Richtungen und produziert neue Ideen. Guilford hat sich schon die Frage gestellt, ob diese Art des Denkens nicht ebensoviel Respekt und Wertschätzung

verdienen würde, wie das konvergierende Denken und forderte die ernsthafte Beschäftigung mit dieser Form des Denkens(vgl. CROPLEY 1991, S. 41 f.).

Dieses produktive Denken wird als ein von der Norm abweichendes Denken beschrieben. Sowohl bei Lehrer als auch Eltern wird die Vorstellung vom Wesen der menschlichen Intelligenz zum Schwerpunkt der Unterrichtspraxis und somit zur Gänze das konvergierende Denken. Konvergierendes Denken stellt einen Aspekt der Intelligenz dar. Daraus kann abgeleitet werden, dass divergierendes Denken nicht gleichbedeutend mit Kreativität ist, sondern nur ein Aspekt davon (vgl. KÖPPEL 1988, S. 2; CROPLEY 1991, S 50).

Die kreative Produktion
Der Verlauf kreativer Prozesse ist durch Phasen gekennzeichnet, deren Bezug, Dauer und symptomatische Abfolge durch den methodischen Ansatzpunkt bestimmt werden. Wallas hat den kreativen Prozess in einem 4-Phasenmodell dargestellt, das als ein Modell des Problemlösens betrachtet werden kann:

1. Die Präparationsphase: In der sog. Vorbereitungsphase findet der Versuch einer Problemdefinition statt. Dabei kann das selbständige Finden und Präzisieren eines Problems als kreative Denkleistung dem Problemlösen gleichgestellt werden. Diese Phase diene der Ansammlung von Wissen, wobei das

Problem der Motivation von Individuen oder einer Gruppe eine bedeutende Rolle spielt.

2. Die Inkubationsphase: Diese Situation ist gekennzeichnet durch die unbewusste Problemerwägung bei der Suche nach einer Lösung. Diese Phase ist zeitlich oft sehr ausgedehnt und zumeist durch Frustration beeinträchtigt. In dieser Zeit liegen Enttäuschungen missglückter Lösungsversuche und ein bewusstes und unbewusstes Ablegen und Vergessen unrentabler Gedankengänge.

3. Die Illuminationsphase: Diese Einsichtsphase wird häufig durch das "Aha-Erlebnis" als ungesteuertes Moment der Lösungsfindung eingeleitet. Freude und Erleichterung tritt ein, da das Auftreten einer Idee etwas nicht Erzwingbares und Programmierbares ist.

4. Die Verifikationsphase: Dieser abschließenden Phase unterliegt die Beurteilung, Bewertung und die Kommunikation der kreativen Idee. In erster Linie wird in dieser Phase das konvergierende Denken angesprochen, da sich die Kriterien der Verwertbarkeit auf logischen Gesichtspunkten berufen. Jedoch scheitern viele zunächst "geniale " Ideen, und so manche hochfliegende Phantasterei wird wieder auf den Boden der Realität zurückgeholt (vgl. KÖPPEL 1988, S. 2 f.; WEHLE 1973, S 111 f.). Aus diesem Phasenmodell darf nicht geschlossen werden, dass kreatives Verhalten aus einer Abfolge gut definierter und klar abgegrenzter, sukzessiv aufeinander folgender Phasen besteht.

Es sollte als eine Hilfskonstruktion angesehen werden. Man kann dabei von einer interagierenden Dynamik zwischen allen Phasen ausgehen, wobei die Phasen nicht getrennt voneinander verlaufen, sondern durchgängig und in jeweils verschiedenen Ausprägungsgraden während des ganzen kreativen Prozesses manifest werden (vgl. SEIFFGE-KRENKE 1974, S 20).

Techniken kreativer Produktion
Die Verfahren zur Steigerung der produktiven Denkfähigkeit beruhen meist auf Methoden, die in den Vereinigten Staaten entwickelt wurden. Die Techniken kreativen Denkens dienen der Produktion neuer Ideenkombinationen. Auf den Unterricht bezogen, liegt die Bedeutung von kreativer Techniken auf mehreren Ebenen:
- Beim Lösen von Problemen kann die Verfügbarkeit über kreative Techniken Vorteile mit sich bringen.
- Der Gebrauch von solchen Techniken kann zur Bewirkung eines Trainingseffektes bei Kreativitätsfaktoren führen.
- Die Erzeugung eines "kreativen Unterrichtsklimas" steigert die Motivation der Schüler.
- Die allgemeine Einstellung zu kreativem Verhalten wird verbessert.
Die "brainstorming"-Technik ist die älteste Technik zur Erzeugung von Ideen. Beim "brainstorming" werden die Schüler veranlasst, sich ein Problem vorzustellen und zu lösen. Das

Sammeln und Festhalten von Spontaneinfällen zu einem Problem erhöht die Chance, einige "gute" Problemlösungen zu finden. Während des Sammelvorganges sind negative Äußerungen bezüglich der festgehaltenen Gedanken und Bewertungen dieser zu unterlassen. Dadurch wird die Qualität der Ideenproduktion gesteigert, verschiedene Gedanken werden kombiniert und verbessert (vgl. SCHIFFLER 1973, S. 31 f.).

Techniken kreativen Denkens
Eine Reihe weiterer spezifischer Techniken kreativen Denkens bringen Schüler bei, wie sie neue und potentiell wertvolle Ideenkombinationen produzieren können:
(1) Technik des Aufzählens von Eigenschaften,
(2) morphologische Synthese,
(3) Checkliste und
(4) Synektik.
Um kreative Ideen zur Verbesserung oder Veränderung von verschiedensten Problemen hervorzubringen, ist eine einfache und wirkungsvolle Methode das Aufzählen von Eigenschaften. Bei der Anwendung dieser Methode im Unterricht könnte man die Schüler auffordern, wichtige Attribute (oder Teile) eines Produkts zu beschreiben. Danach wird jede Eigenschaft als Ausgangspunkt für eine potentielle Veränderung oder Verbesserung angesehen. Beispielsweise könnten die Schüler an einem einfachen Gegenstand wie der Tafelkreide lernen, die Attribute Größe, Material, Gestalt und Farbe erarbeiten und

danach denken sich die Schüler für jedes dieser individuellen Attribute Veränderungen aus.

Durch die Anwendung dieser Methode können rasch Ideen für eine Vielzahl von Kreidearten produziert werden. "Gegenstände" der Kunst, Literatur, Wissenschaft, des Geschäftslebens und der Industrie können durch diese Methode verbessert werden. Das Aufzählen von Eigenschaften sensibilisiert die Schüler gegenüber den verschiedenartigen Attributen des Gegenstandes und rüstet sie zugleich mit einem einfachen, aber sehr produktiven Innovationsmittel aus (vgl. DAVIS, G. A. 1970, S. 107 f.).

Durch das Aufzählen von Eigenschaften von verschiedenen Gegenständen werden die Schüler "beweglicher" im Denken. Durch diese Arbeit wird das Selbstbewusstsein der Schüler gestärkt, denn die Arbeit als Erforscher oder Entdecker erzeugt bei Kindern ein gestärktes "Ichgefühl".

Die kreative Persönlichkeit

Die vorangegangenen Kapitel hatten schwerpunktmäßig theoretische Wesensmerkmale der Kreativität zum Inhalt. Die folgenden Ausführungen zur kreativen Persönlichkeit können wir in einem unmittelbaren Zusammenhang mit der täglichen unterrichtlichen Arbeit sehen. J. P. Guilford , den wir als Vater des heutigen Kreativitätsbegriffes ansehen können, stellte 1950 ein Modell dar, das die Persönlichkeitsmerkmale der kreativen

Persönlichkeit aufzeigte. Er unterscheidet dabei zwischen Merkmalen (traits) und Fähigkeiten (aptitudes). Merkmale: relativ anhaltende Züge, die ein Individuum von anderen unterscheidet; Fähigkeit: Bereitschaft des Individuums, gewisse Dinge zu lernen. Die kreative Persönlichkeit ist gekennzeichnet durch ein Muster von folgenden Merkmalen und Fähigkeiten:

1. Sensibilität für Probleme
2. Originalität (neuartige Ideen finden)
3. Geistige Flexibilität
4. Fähigkeiten, Fakten zusammenzuführen und zu verbinden (Synthese)
5. Fähigkeit, Sachverhalte in Fakten zu zerlegen (Analyse)
6. Umorganisations- und Neudefinierungsvermögen
7. Komplexität und Kompliziertheit der verwendeten Struktur
8. Motivationsfaktoren
9. Einstellungen wie Toleranz, Offenheit und Temperament

Kreativität ist kein einheitliches Persönlichkeitsmerkmal. Kreative Leistungen hängen vielmehr von zahlreichen Einflüssen ab, die innerhalb und außerhalb einer Person existieren. Zu den innerhalb der Person liegenden Einflüssen zählt man Persönlichkeitseigenschaften wie:
- offene Haltung und Vorliebe für Neues;
- Feldunabhängigkeit in der Wahrnehmung;

- Ambiguitätstoleranz (Konflikte und Unsicherheitsgefühle ertragen können);
- Vorliebe für komplexe und mehrdeutige Stimulation;
- Ausdauer und Frustrationstoleranz;
- unabhängiges, nicht-konformes Verhalten;
- Dominanz und Verantwortungsgefühl.
(vgl. ULMANN 1968, S. 42 ff.)

Der kreative Schüler
Worin unterscheidet sich ein kreativer Schüler von anderen? Um diese Frage zu beantworten können wir eine Summe von Verhaltensmerkmalen, die jedem einzelnen in unterschiedlicher Kombination eigen ist, heranziehen:
Der kreative Schüler ist offen für Informationen aller Art und mannigfaltige Einwirkungen der Umwelt, obgleich sie von Menschen, Prozessen oder Gegenständen herbeigeführt werden. Er ist bemüht, sich bei einem Versuch nicht mit der erstbesten Lösung zufriedenzugeben, sondern ist in der Lage, mehrere gute Lösungen zu finden. Dabei kann er von vorgezeichneten Wegen abweichen. Ihn interessiert nicht so sehr das Ergebnis seines Tuns, sondern er findet vor allem Befriedigung im Prozess. Der kreative Prozess zielt auf "Neuheit" und ist somit nicht vorhersehbar. Dabei kommt eine starke innere Anteilnahme zum Ausdruck und eine außerordentliche Phantasie wirkt bei der kreativen Problemlösung mit (vgl. KAUL 1975, 63 f.).

Der kreative Schüler ist kommunikationsfreudig; dadurch können sich positive Kontakte, aber auch Konflikte entwickeln.

Intelligenz und Kreativität
Man nimmt an, Intelligenz steht in irgendeiner Form in Verbindung mit dem kreativen Prozess. Kreativität steigert sich nicht mit der Intelligenz. Jedoch ist Kreativität unterhalb eines Intelligenzquotienten von 120 selten anzutreffen. Somit ist kreatives Denken an ein Mindestmaß von Intelligenz gebunden. Die Intelligenz erscheint uns ebenfalls als eine sehr komplexe Mischung von Fähigkeiten, die sich altersabhängig verändern. Sie entwickelt sich im Wechselspiel mit Faktoren des sozialen und intellektuellen Milieus. Intelligenztests messen zum großen Teil Fertigkeiten, die keinerlei kreative Merkmale haben. Kreative Fähigkeiten werden nicht durch Intelligenztests gemessen, da sie nichtintellektuellen Gaben sind. Die Forschung beschreibt den Unterschied zwischen Intelligenz und Kreativität mit den bereits behandelten Begriffen "konvergentes Denken" und "divergentes Denken".
Die Intelligenz sichert die Standards, mit denen wir leben und hält gültige Lösungen fest. Kreativität zum Unterschied stößt vor zu neuen Lösungen, weil neuartige Problem erkannt werden (vgl. HÖHLER 1986, S. 53 f.).

Das Modell Guilfords

Da Guilford 1950 erkannte, dass Kreativität nicht mit traditionellen Intelligenztests gemessen werden kann, entwickelte er Testbatterien, die das kreative Verhalten messen sollen. Mit Hilfe statistischer Methoden versuchte er einzelne Faktoren und Fähigkeiten des kreativen Verhaltens zu gewinnen. Er stellte ein dreidimensionales Modell der Struktur des Intellekts auf. Dadurch interpretierte er die bisherige Konzeption der Natur des Intellekts neu.

Mit seinen divergenten Produktions-Testbatterien (DPT) werden die Faktoren im dreidimensionalen Modell der Struktur des Intellekts und den entsprechenden Fähigkeiten gemessen:

1. Geläufigkeit (fluency): Fähigkeit, sich unter gewissen Umständen zu erinnern
2. Flexibilität (flexibility): Flüssigkeit der gespeicherten Informationen
3. Originalität: Bereitschaft, Dinge anders zu sehen
4. Elaboration: Fähigkeit, die es ermöglicht, nach gegebenen Informationen eine Struktur aufzubauen
5. Sensitivität: Fähigkeit, Probleme zu erfassen; Offenheit der Umwelt gegenüber
6. Neudefinieren: Fähigkeit, ein Objekt anders als vorher zu interpretieren und es zu neuen Zwecken zu benutzen (vgl. LANDAU 1971, S. 32 ff.).

Die Entwicklung der Kreativität im Grundschulalter

Kinder im 6. Lebensjahr haben ein für die Umwelt recht herausforderndes Bedürfnis nach Selbständigkeit. Für die Kreativitätsentwicklung ist die Entfaltung eines starken Selbstbewusstseins wesentlich. Ein "Ich kann was - ich bin wer" - Bewusstsein ist für die Entwicklung eines Selbstwertgefühls notwendig.

Ein verstärkter Bewegungsdrang soll durch einen geschützten Freiraum zum Austoben befriedigt werden. Für die Kinder regieren Freiheit und Schabernack aber auch viel Unbekanntes, neue Probleme und Aufgaben.

Das Forschungsalter zeichnet sich dadurch aus, dass Kinder für sich selbst kleine Naturforscher, Entdecker und Erfinder sind. Die Abenteuerlust des Kindes, sein Unternehmungsgeist, seine beabsichtigten und unbeabsichtigten Streiche bereiten den Eltern gelegentlich Aufregung.

Der Forschungsdrang der Kinder in diesem Alter kann gelegentlich zu Grausamkeiten gegenüber Tieren führen. Kleinen Tieren werden die Beine ausgerissen, um zu sehen, was sie ohne Beine machen. Ohne Angst nähern sie sich großen Tieren. Die schöpferische Unschuld darf nicht zu Brutalität oder Selbstgefährdung ausarten. Deshalb soll falsches Verhalten aufgegriffen und begründet werden.

Durch einen Eroberungs- und Tätigkeitsdrang ist das Kind sehr empfänglich für Aggressionsvorbilder. Der jeweiligen kulturellen

Situation entsprechend, kämpfen Kinder mit Schwertern, Flitzebogen, Spielzeugpistolen usw.

Die Phantasie- und Märchenwelt ist sehr förderlich für die Erweiterung des Vorstellungsvermögens für das Training zum offenen und originellen Denken.

Oft ist übertriebenes Angeben auf ein unterdrücktes Selbstgefühl zurückzuführen.

Im 6. und im 7. Lebensjahr sind Kinder schon sehr leistungsfähig und begrenzt belastbar. Selbständiges Arbeiten in der Schule stärkt das Selbstvertrauen.

Zur sozialen Reifung brauchen Kinder die regelmäßige Auseinandersetzung mit anderen Spielgefährten. Kreative Kinder sind offen für Anregungen aus der Gruppe; sie können auch dominierende Rollen in der Gruppe einnehmen.

Kausale ursächliche Zusammenhänge können die Kinder in diesem Alter noch nicht verstehen. Sie denken noch weitgehend in der Welt den "Wenn-dann-Beziehungen". Jedoch können schon Beziehungen hergestellt werden ("Das gehört zu dem"), und die Kinder verstehen zeitliche und sachliche Ordnungsprinzipien (Zeit des "naiven Realismus").

Die Entwicklung im 9. und 10. Lebensjahr ist gekennzeichnet durch Wissbegierde und Neugier. Die Vorstellungswelt ist nun ausgesprochen sachbezogen und angepasst. Mit Selbstvertrauen und eigener Kraft wollen Kinder die Welt erobern und entdecken.

Aufgrund eines extremen Gerechtigkeitsgefühls ist es notwendig, den Kindern nichts vorzumachen. Ungerechte, widersprüchliche Erwachsene verlieren schnell ihre Glaubwürdigkeit bei ihnen.

In diesem Alter ist die Kleingruppenbildung sehr intensiv. Es entstehen "verschworene" Gemeinschaften. Das Gruppen- und Bandenleben dient der Sozialerziehung; hier lernen die Kinder, Regeln zu begreifen und einzuhalten, Eigenverantwortung, Kameradschaft und praktische Fertigkeiten (vgl. ERTEL 1991, S. 192 ff.).

Wollen wir Kreativität bei unseren Kindern ?
Die Frage, ob wir Kreativität bei unseren Kindern wirklich wollen, wird stets mit "Selbstverständlich!" beantwortet. Jedoch ist unsere Schule verhältnismäßig einseitig auf den Erwerb von Kenntnissen und Informationen und der Wiedergabe von diesen ausgerichtet.

Kinder sind kreativ! Die Erzieher, somit auch der Lehrer, müssten ihnen die kreativen Fähigkeiten und Fertigkeiten lassen und nicht abgewöhnen (Spontaneität, Originalität, Sensibilität, Fähigkeit, sich etwas anders vorzustellen).

Mit dem Erziehungsverhalten wollen Lehrer und Eltern den Kindern das Leben erleichtern. Sie kürzen komplizierte Erfahrungen und Entdeckungen ab und bauen ihren Informationsvorsprung in Anleitungen um. Ermöglichen wir den Kindern, dass sie sich selbst entdecken, selbst etwas "erfinden"? Kinder sind kreativ! Ob sie es bleiben, hängt davon ab, ob die Kreativität in ihrer Kindheit, in ihrer Schulzeit und im weiteren Leben gefördert wird.

"Wir betreiben eine Pädagogik, wo wir immer heute lernen, was wir morgen brauchen können. Wir wissen schon nicht einmal, ob wir das Richtige auswählen, aber wir wissen mit Sicherheit nicht, ob wir das Morgen erleben" (zit. n. SEITZ 1987, S. 85).

Schaffen wir eine Atmosphäre, wo Kreativität und Phantasie möglich sind? Zu große Schüler- oder Gruppenzahl, Lehrpläne, kleine Klassen, knappe Geldmittel, drohende weiterführende Schulen, ehrgeizige Eltern und Rivalitäten unter dem Lehrerkollegium machen die kreative Arbeit "scheinbar" nicht möglich. Pädagogische Aktionen werden meist so geplant, dass Kreativität und Phantasie meist keinen Platz finden. Meist fehlt in der Unterrichtsvorbereitung die "Suchphase", da diese Zeit kostet. Die Kreativität und Phantasie der Kinder kann erhalten und auch gefördert werden. Das große Problem stellt die Phantasie der Erwachsenen dar (vgl. SEITZ 1987, S. 77 ff.)

Die Kreativitätsfeindschaft der Schule
Wenn man schulische Erziehung im Zusammenhang mit gesellschaftlichen und wirtschaftlichen Funktionen betrachtet, so stehen auf einer Seite gesellschaftlich-ökonomisch funktionale Ziele der Schule (Sicherung des sozialen Systems), und auf der anderen Seite stehen die offiziellen intentionalen

Erziehungsziele, die von den Bedürfnissen der Schüler ausgehen.

So können reale gesellschaftliche Funktionen der Schule dem deklarierten Erziehungsziel und Organisationszweck und den intentionalen Erziehungsmaßnahmen der Lehrer entgegenwirken und so kreatives und soziales Lernen unterbinden:

- Die Qualifikationsfunktion steht mit ihrem Bedarfsdenken individuellen Bildungswünschen gegenüber.

- Die Selektions- und Allokationsfunktion ruft ein selektives Leistungsprinzip hervor und widerspricht so den proklamierten Zielen der Kooperation und Partnerschaft.

- Die Sozialisations- oder Integrationsfunktion kann als Anpassungsprozeß und so als Gegenpol zur Personalisationsfunktion gesehen werden. Der Lehrer steht im Mittelpunkt eines Konfliktfeldes, welches von den Erwartungen der Gesellschaft und des Staates, die sich in Richtlinien und Lehrplänen zeigen, und von der Verpflichtung, den individuellen Komponenten des Selbstwerdungsprozesses der Schüler gerecht zu werden, umgeben wird.

Das Problem des schulischen Lernens ist, dass der Schüler einerseits zur Selbständigkeit und Mündigkeit erzogen werden soll, andererseits aber Fremdbestimmung und Abhängigkeit verstärkt werden (vgl. SCHIER, LODDENKEMPER 1980, S. 12 f.).

Gesellschaftsspezifische Blockierungen schöpferischen Denkens

Die Sozialisation macht Kinder zu Untertanen der Gesellschaft. Sozial erwünschtes Verhalten wird gebilligt und belohnt, unerwünschtes Verhalten wird sanktioniert. Einübung von Verhaltensweisen, die in der Gesellschaft, auf die hin man sozialisiert werden soll, gehören zur Sozialisation. Die Einordnung von Verhaltensweisen ist je nach Kulturkreis oft höchst verschieden. In jedem beliebigen Kulturkreis herrscht ein stereotyper Katalog von erwünschten Verhaltensweisen, ein bestimmter Bereich dessen, was toleriert werden kann, und eine "schwarze Liste" von unerwünschten oder verbotenen Verhaltensweisen. Deshalb ist das Individuum normalerweise genötigt, möglichst solche Verhaltensweisen an den Tag zu legen, die von seiner Umwelt zumindest toleriert werden.

Durch die Vorgabe des Gesellschaftssystems, wie "man" zu sein hat, wird zwar die Kommunikation und das Zusammenleben erleichtert und gibt ein Gefühl der Geborgenheit in der Gruppe, aber das Verhaltensrepertoire des einzelnen ist infolge des vielschichtigen Sozialisationsprozesses beschränkt. Außerhalb der kulturspezifischen Grenzen liegende Verhaltensweisen werden unterdrückt.

Kreative Menschen wagen den Sprung über die in ihrem Kulturkreis geltenden Grenzen sozial erwünschter Verhaltensweisen, dadurch überraschen oder schockieren sie ihre Umwelt.

Untersuchungen haben ergeben, dass Menschen, die als Naturwissenschaftler, Mathematiker oder Wirtschaftskapitäne schöpferische Leistungen erbracht haben, flexibel, wissbegierig und originell, individualistisch, nonkonformistisch, eigenwillig, unbeherrscht, abhängigkeitsfeindlich und risikofreudig waren.

Kreative Menschen haben die wichtige soziale Funktion, die Werte, Normen und Lebensauffassungen des betreffenden Kulturkreises zu erneuern, zu erweitern und zu vertiefen.

Kreativitätshemmende Faktoren, die ihre Wurzeln in den Strukturen der Gesellschaft haben, sind:

1. Orientierung am Erfolg,
2. Sanktionen gegen "lästige Fragen",
3. Beurteilung von außen,
4. Konformitätsdruck
5. Rigide Geschlechtsrollen
6. Gleichsetzung von Andersartigkeit mit Abnormität,
7. Trennung von Arbeit und Spiel.

Die starke Leistungsorientierung der Gesellschaft bedeutet beim Schulkind eine massive Blockierung des schöpferischen Denkens. Allgemeine Lernziele wie Kreativität, Selbständigkeit, Sensibilität und Kooperationsfähigkeit werden oft außer acht gelassen. Bei der Leistungsbewertung wird das erworbene Faktenwissen herangezogen, die innovativen Fähigkeiten oder die Ideenvielfalt der Schüler wird jedoch nicht erfasst.

Die Sanktionen gegen "lästige Fragen" von wissbegierigen Kindern stehen im Zusammenhang mit der Erfolgsorientierung und anderen Zwängen, bestimmte festgelegte Leistungsnormen zu erfüllen. Kindern wird "gelehrt" keine Fragen zu stellen, die nicht unmittelbar mit der Unterrichtsarbeit im Zusammenhang stehen. Jedoch müssen abweisende Reaktionen gegen lästige Schülerfragen nicht immer Zeichen von Böswilligkeit oder Abneigung sein, sondern spiegeln vielleicht die Zwänge wider, unter denen die Unterrichtsarbeit steht.

Die Beurteilung von außen ist ein Zwang, der für den Schüler möglicherweise das einzige Kriterium werden kann, nach welchem er sich entscheidet, etwas Begonnenes fortzuführen oder zu beenden. Für den Schüler werden Beurteilungen und Maßstäbe von außen in erster Linie durch den Lehrer repräsentiert.

Zu den Haupthindernissen, die beim Schüler Hemmungen erzeugen, zählt der Konformitätsdruck. Der Schüler hat kaum die Möglichkeit diesem Druck auszuweichen. Er bekommt meist die gleichen Aufgaben gestellt und das Ergebnis wird nach allgemeinen und gleichen Maßstäben und vom Lehrer festgesetzten Zielvorstellungen aus bewertet. Ein Kind, das ungewöhnliche Einfälle zum Ausdruck bringt, eine unübliche Einstellung zum Lernen oder eine atypische Beziehung zum Lehrer hat, unterliegt wahrscheinlich massiven gruppenspezifischen Anpassungszwängen. Unsicherheit macht den Schüler unfähig, aus sich herauszugehen und mehrere gedankliche Alternativen in Erwägung zu ziehen.

Das Bestehen auf stark stereotypisierten Geschlechtsrollen ist ein Aspekt des Konformitätsdrucks. Vom Kind wird erwartet, dass es sich den entsprechenden Rollenerwartungen gemäß verhält. Die Fähigkeit, sich über geschlechtsrollenspezifische Zwänge hinwegzusetzen, scheint ein Merkmal schöpferischer Menschen zu sein. Ausgesprochen schöpferische Jungen zeigen Schönheitssinn, Intuition und Sensibilität für die Empfindungen anderer, ausgesprochen schöpferische Mädchen ein hohes Maß an Ehrgeiz, Willensstärke und Durchhaltevermögen.

Kreative Menschen können die männliche und weibliche Seite ihres Wesens miteinander in Einklang bringen. Andersartigkeit und außergewöhnliche Ideen werden oft als beunruhigend erfahren und sind deshalb unerwünscht. Sie werden nicht selten mit Abnormität gleichgesetzt und mit ironischen und spöttischen Bemerkungen abgetan.

Eine Erziehung, in der abweichendes Verhalten negative Konsequenzen nach sich zieht, bewirkt eine geringe Toleranz für Nichtübereinstimmung mit aktuell vorfindbaren Normen. Die Befürchtung, für abweichende Äußerungen oder Gedanken bestraft zu werden, führt zur

Konformität, zu einer Vereinheitlichung der Denk- und Phantasieprozesse.

Die Trennung von Arbeit und Spiel stellt eine weiter Blockierung der Kreativitätsentwicklung dar. In der Schule herrscht oft eine Intoleranz gegenüber Spieleinstellungen. Spielerisches wird meist unterbunden, weil die Vorstellung, dass Probleme auch spielerisch lösbar sind, oft auf Ablehnung stößt. Viele Lehrer sind der Auffassung, dass Arbeit immer konzentrierte Anstrengung bedeuten und tiefen Ernst erfordert. Freie Assoziation, die Produktion peripherer Ideen beim Versuch, Problemlösungen zu finden, fröhlicher Lärm, Spielhaltung und Spaß werden als für das Lernen abträgliche Faktoren begriffen.

Spielerische Aktivitäten sollten im Unterricht anerkannt und verstärkt werden, da Spielsituationen an emotionalen Faktoren und an Offenheit für Erfahrungen gebunden sind. (vgl. CROPLY 1991, S. 56 ff.)

Persönlichkeitsspezifische Blockierungen schöpferischen Denkens

Zahlreiche kreativitätshemmende Einstellungen und Wertvorstellungen im Kind selbst blockieren schöpferisches Denken. Diese persönlichkeitsspezifischen Blockierungen sind zum Teil ein Ergebnis von gesellschaftsspezifischen Zwängen.

Zu diesen Blockierungen zählen:

1. Unfähigkeit, "aus sich herauszugehen",
2. Angst vor der eigenen Phantasie,

3. Überbetonung des analytischen Denkens,
4. Vorzeitiger Abbruch von Gedankengängen,
5. Denkschemata,
6. Unfähigkeit, mit den eigenen Einfällen umzugehen
7. Angstbereitschaft und
8. Überbewertung des verbalen Ausdrucks.

Durch den Konformitätsdruck und der Erfolgsorientiertheit der Gesellschaft entwickelt das Kind eine übermäßige Selbstdisziplin, die es ihm außerordentlich erschwert, der Phantasie und dem Einfallsreichtum freien Lauf zu lassen. Die Unfähigkeit "aus sich herauszugehen" führt in weiterer Folge zu "geistiger Verstopfung".

Die Anpassung an konforme Werthaltungen, die spontanes und experimentierendes Verhalten einschränkt, führt dazu, dass Kinder Angst davor haben, ihrer Phantasie freien Lauf zu lassen. Sie haben Angst bestraft zu werden, wenn sie eine unerwartete, irritierende oder auch nur eine schlagfertige Antwort geben. Die Aufgaben, die im herkömmlichen Unterricht gestellt werden, erfordern meist sehr viel mehr analytisches als synthetisches Denken. Das Kind, das Sanktionen fürchtet, ist stets bemüht, die richtige Antwort zu finden. Dies dürfte dazu führen, dass divergierendes Denken zunehmend erschwert oder prinzipiell vermieden wird.

Schüler haben die Vorliebe, einen Gedankengang abzubrechen, wenn eine halbwegs annehmbare Lösung gefunden wurde. Dies ist darauf zurückzuführen, dass mit Hilfe konvergierender Denkprozesse der einfachste und nächstliegender Lösungsweg angesteuert wird. Dabei wird keinesfalls die bestmögliche Lösung gesucht und gefunden.

Durch die Anwendung von bestimmten Denkschemata, wird das Finden von einfallsreichen oder schöpferischen Problemlösungen gehindert. Kinder sind oft unfähig, mit den eigenen Einfällen umzugehen. Es empfindet die Vielzahl der produzierten Ideen als unangenehm oder sogar als angstauslösend.

Kinder, die unter hohem Leistungsdruck stehen, ständig Kritik fürchten, haben ein von Angst geprägtes Verhältnis zur Schule. Unsicherheit macht Schüler oft unfähig, aus sich herauszugehen, mehrere gedankliche Alternativen in Erwägung zu ziehen und begünstigt den vorzeitigen Abbruch von Gedankengängen.

Eine angsterfüllte Unterrichtsatmosphäre verstärkt Konformität und Risikovermeidung, trägt zur Ausbildung stereotyper Denkschemata und Verhaltensgewohnheiten bei und blockiert so schöpferisches Denken.

Kinder, die Schwierigkeiten mit dem sprachlichen Ausdruck haben, erfahren häufig Nachteile. Die herrschende Vorstellung, dass die Sprache die einzig wahre Ausdrucksform für Ideen sei, blockiert die Kreativitätsentwicklung. Jedoch kann man kreative Ideen nicht ausschließlich mit sprachlichen, sondern auch mit nichtsprachlichen Mitteln, etwa graphisch (zeichnerisch) oder durch Bewegung, ausdrücken. Auch nichtsprachliche Ausdrucksmöglichkeiten sollten in den Unterricht einbezogen werden, da Kinder mit Ausdrucksproblemen eine unnötige Einschränkung erfahren, da sie ihre schöpferischen Ideen häufig zu unterdrücken versuchen (vgl. CROPLEY 1991, S. 56 ff.).

Förderung der Kreativität im Unterricht
Der Abbau von den gesellschaftsspezifischen und den persönlichkeitsspezifischen Blockierungen des schöpferischen Denkens ist ein wichtiges Kriterium, um die Kreativität im Unterricht zu fördern. Der Lehrer, der die kreativen Fähigkeiten seiner Schüler entwickeln und fördern möchte, hat die Aufgaben, die Barrieren abzubauen, die die Entfaltung behindern, und die Fähigkeiten der Schüler zu divergierendem Denken zu fördern sowie eine Unterrichtsatmosphäre zu schaffen, die günstige emotionale und motivationale Voraussetzungen bieten. Ein nicht-bedrohliches Verhältnis zwischen Lehrer und Schülern, in dem eine personale Beziehung das Unterrichtsgeschehen begleitet, ist für die kreative Entfaltung nicht von der Hand zu weisen (vgl. CROPLEY 1991, S. 70).
Der Bildungs- und Erziehungsauftrag, die Schüler zu mündigen und kritischen Staatsbürgern zu erziehen, trägt dazu bei, die kennzeichnenden Merkmale des kreativen Kindes zu erkennen und schulpraktische Kreativitätsinterventionen zu artikulieren.

Die Fähigkeit des Lehrers, kreative Schüler zu identifizieren, kann erhöht werden, wenn der Lehrer mit dem Wesen der Kreativität vertraut gemacht wird und darin geübt wird. Es ist oft sehr schwer, bei Schülern Kreativität von bloßem Nonkonformismus oder schlichter Ungezogenheit zu unterscheiden (vgl. LIEBRICH 1988, S. 6; CROPLEY 1991, S. 71). Kreative Schüler brauchen kreative Lehrer! Der wirkungsvolle Lehrer erfindet seine eigenen kreativen Techniken als Teil der spezifischen fortschreitenden Lehroperationen im Unterricht. In einer kreativen Unterrichtsatmosphäre werden die Verfahren, die der kreative Lehrer "erfindet", als nicht vorhersehbar und unerwartet erscheinen.

Zwölf Regeln des kreativen Lehrens

1. Der kreative Lehrer sorgt bei den Schülern für selbstinitiiertes Lernen. Die Eigenaktivität hält die spontane, selbststartende Qualität des Lernens im Schüler aufrecht, sie stützt die Lernmotivation.

2. Der kreative Lehrer richtet nicht-autoritäre Lernumgebungen ein. Freiheitliche Bedingungen erleichtern und fördern das schöpferische Tun.

3. Der kreative Lehrer vermeidet Konformitätsdruck, der als Zwang die Form von ihm gewählter Tätigkeiten und Ziele, genormter Praktiken und Schulaufgaben oder eines starren Lehrplans annimmt.

4. Spöttische und ironieverwandte Haltungen zerstören beim Schüler das Selbstwertgefühl und

neigen dazu, schöpferische Bemühungen zu blockieren.

5. Starre Verteidigungsmechanismen, zwanghafte Ängste, unsere impliziten Persönlichkeitskonzepte sind verbreitete Störfaktoren. Die Fassaden, die wir errichten, um unser wahres Selbst und unsere ichbezogenen Interessen abzuschirmen, dämpfen das fordernde Risikoverhalten der Schüler.

6. Eine Überbetonung von Belohnungen durch Zensuren baut Defensivhaltungen beim Schüler auf.

7. Übermäßiges Suchen nach Gewissheit lähmt den kreativen Impuls. Der kreative Lehrer vermeidet es, Antworten in der von ihm gewünschten Form zu erhalten und vorbestimmte Lösungen zu verlangen.

8. Eine übergroße Akzentuierung des Erfolgs leitet die Energien von kreativen Prozess ab und konzentriert sie auf die Ergebnisse, auf Statussymbole oder auf die nur instrumentell wertvollen Ziele.

9. Feindseligkeit gegenüber der andersartigen Persönlichkeit, entweder auf Seiten des Lehrers oder der Klassenkameraden, bildet eine kulturelle Sperre.

10. Der kreative Lehrer verschafft den Schülern Gelegenheit, mit Materialien, Ideen, Begriffen, Werkzeugen und Strukturen umzugehen.

11. Er unterstützt den Schüler bei der Überwindung von Frustrationen und Fehlschlägen.

12. Der kreative Lehrer drängt den Schüler dazu, die Probleme ganzheitlich zu betrachten, eher Gesamtstrukturen als einzelne additive Elemente zu betonen (vgl. HALLMAN 1967, S. 177 ff.).

Ein kreativer Lehrer, der durch die Einhaltung der zwölf Regeln über Strategien zur Entwicklung und Steuerung produktiv-divergenter Prozesse und bewertenden Denkens geübt ist, kann geistige Fähigkeiten der Schüler "aktivieren", die im wesentlichen unangesprochen bleiben. Das kreative Lehren erfordert vom Lehrer viel bewußte Anstrengung, Kenntnis der sehr verschiedenartigen und weniger vertrauten Denkarten und zahlreiche neue Lehrstile.
Der kreative Lehrer bietet den Lehrstoff auf verschiedenen begrifflichen Ebenen mit Methoden dar, die die Schüler ermutigen, Neuartiges anzustreben, Flüssigkeit von Assoziationen zu entwickeln, über Beweglichkeit in Denkmustern zu verfügen und neue Dimensionen des Wissens zu prüfen (vgl. WILLILAMS, F. E. 1970, S. 172 f.).

Die gesellschaftliche Bedeutung der Kreativität
Der "Sputnikschock" hatte in den USA einen intensiven Prozess der Neubesinnung im Schulwesen zur Folge. Viele Pädagogen vertraten die Meinung, dass eine Gesellschaft, die angesichts des raschen wissenschaftlich-

technischen Fortschritts überleben will, auf schöpferische Individuen angewiesen ist.
Durch die fortschreitenden technischen Entwicklung wurden viele Funktionen, die dem Menschen vorbehalten zu sein schienen, von Maschinen - vom Computer - übernommen. Jedoch liegen die spezifisch menschlichen Qualitäten der Intelligenz nicht im Bereich der Reproduktion oder der mechanischen Denkleistungen. Die Kreativität zeigt einen Weg zur Wahrung der Menschenwürde in einer computerbeherrschten Zeit, in der Maschinen die routinemäßigen Denkvorgänge übernehmen.
Durch die rapiden Wandlungsprozesse und der Unvorhersehbarkeit zukünftig notwendiger Rollen und Fähigkeiten braucht die Gesellschaft nicht nur fachlich qualifizierte Kräfte, sondern Menschen, die kreativ, flexibel und anpassungsfähig sind. Die Kinder sollen deshalb eine Schulbildung erhalten, die sie zur Anpassung an Veränderungen befähigt.

Die individuelle Bedeutung der Kreativität
Bei einer immer stärker werdenden Entfremdung des Individuums vom Produkt seiner Arbeit benötigt das Individuum kreative Erfahrungen, um sich selbst verwirklichen und beurteilen und um ein Selbstwertgefühl aufbauen zu können. (vgl. CROPLEY 1991, S 22 ff.).
Die Eigenschaften eines kreativen Menschen (Originalität, Sensibilität, Phantasie, Spontaneität, Reflexionsvermögen und kritisches Bewusstsein) stellen die Voraussetzungen dar,

um gesellschaftliche Realität, vor die jeder Mensch gestellt ist, überhaupt zu bewältigen. (vgl. WOLLSCHLÄGER 1971, S. 11)

Kreativ handeln und gestalten im Unterricht
Mittels "kreativer Medien" - etwa Malerei, Musik, Collagen, Gedichte, szenische Darstellungen - werden Aspekte eines fachlichen Themas ausgestaltet, um ein vertieftes Verständnis zu erlangen. Beim ganzheitlichen Lernen geht es um "menschenwürdige" Lernprozesse zur Entfaltung des gesamten menschlichen Potentials, nicht aber darum, wenig bedeutsame Lerninhalte "schmackhafter" zu machen.

Entspannungsübungen werden oft als Methode zum Abbau von schulischem Stress und von Angst eingesetzt. Dies kann leicht zu bloß äußerlicher Symptombekämpfung führen: Man "verschreibt" Entspannungsübungen, um Stress zu verringern; an den stresserzeugenden Lernbedingungen wird jedoch nicht gearbeitet, um diese evt. zu beseitigen. In einer ganzheitlichen Sicht geht es aber grundsätzlich um Förderung eines Lernklimas ohne Angst und Bedrohung. Entspannungsübungen stehen zur Befriedigung des menschlichen Grundbedürfnisses nach Ruhe, Ausgeglichenheit, Konzentration und Meditation im Unterrichtsprogramm.

Lernende werden in einer Atmosphäre, in der sie sich als ganze Person entfalten können, ihre volle Leistungsfähigkeit entwickeln können.

Lehrerinnen oder Lehrer fördern einen günstigen Arbeitsablauf, in dem sie:
- sich um ein flexibles Vorgehen bemühen, das viele Spielräume für die Schüler offen lässt;
- persönliche, gefühlsmäßige Äußerungen der Schüler zu den Lerninhalten unterstützen
- wesentliche Denkvorgänge bei den Schülern anregen (z. B. Hypothesenbildung) und dadurch Versuchs- und Irrtumslernen zulassen;
- über größere Strecken des Unterrichtes das selbständige Arbeiten der Schüler ermöglichen
- den Schülern kreative und ganzheitliche Lernaufgaben (nach Möglichkeit zur Wahl) in Einzel-, Partner- und Gruppenarbeit anbieten;
- notwendige Arbeits- und Lerntechniken zur selbsttätigen Bearbeitung von Lernaufgaben ermitteln;
- Entspannungsübungen zum körperlichen und seelischen Ausgleich anbieten.
(vgl. Kommentar zum Lehrplan der Volksschule 1990, S. 112 ff.)

Spielen und schöpferische Fähigkeiten
Da zum Spielen das selbständige Einwirken, Gestalten und Verändern gehört, deuten sich darin bereits Züge von kreativem Tun an.
Im Rollenspiel beispielsweise werden ganze Handlungsketten neu erfunden und variiert, einzelne Rollen zu neuen Spielobjekten geformt. Spiel bedeutet allgemein eine Vorbereitung auf Situationen, in denen Flexibilität, Originalität und Ideenreichtum von Vorteil sind (vgl.

Kommentar zum Lehrplan der Volksschule 1990, S. 127).

Im Spielen kann das Kind und der Erwachsene sich kreativ entfalten und seine ganze Persönlichkeit einsetzen, und nur in der kreativen Entfaltung kann das Individuum sich selbst entdecken (vgl. WINNICOTT 1992, S. 66).

Arthur J. CROPLEY vertritt die Meinung, dass Kinder beim Spiel Verhaltensweisen ausprobieren, die sie normalerweise nicht zeigen, denn beim Spiel sind bestimmte Zwänge gelockert, die auf ordentliches Benehmen oder Anpassung an soziale Normen abzielen. Während des Spielverlaufs können sich die Kinder auf eine ganz individuelle Weise mit ihrer Umwelt auseinandersetzen und ihr Tun ausschließlich nach eigenen Wertmaßstäben beurteilen. Im Spiel entsteht eine Situation, bei der viele soziale und emotionale Blockierungen für das kreative Denken entfallen. Dieser Tatsachen zufolge bietet das Spiel wichtige Möglichkeiten zur Förderung der Kreativität (vgl. CROPLEY 1991, S. 93 f.).

Entdeckendes Lernen

Die Wurzeln des entdeckenden Lernens liegen in einem ursprünglichen Bedürfnis des Menschen, in aktiver Auseinandersetzung mit der Welt seine Erfahrungen zu sammeln. Die Kultur kann so als das Ergebnis von Suchen und Forschen des Menschen verstanden werden, und Wissensgebiete können als Antworten auf Fragen gedeutet werden.

Im Alltagsleben stellt das Entdecken ebenfalls eine wesentliches Element menschlichen Handelns dar. Man ist immer wieder darauf angewiesen, subjektiv neuartige Sachbeziehungen zu entdecken und neuartige Lösungswege zu entwickeln. Kinder fragen in ihrem natürlichen Lebensbereich spontan und unermüdlich. Das entdeckende Lernen bildet ein zentrales Thema im Werk von J. DEWEY, dessen Auffassung vom tätigen Lernen grundsätzlich aktive Entdeckung von Beziehungen und selbständigen Aufbau von Begriffen nahe legt. Auch in der deutschen Reformpädagogik wurden unter Bezeichnungen wie "Selbsttätigkeit" und "freie geistige Schularbeit" vergleichbare Unterrichtskonzepte empfohlen.

Das Konzept des "genetischen Lehrens" von WAGENSCHEIN beruht auf dem selbständigen Entdecken und Aufbauen von Strukturen durch die Schüler in der Auseinandersetzung mit fragwürdigen Erscheinungen (Phänomenen) und mit offenen Problemstellungen. Eine Erkenntnis wird nicht als "Fertigprodukt" der Wissenschaft vermittelt, sondern entsteht beim Schüler durch eigene geistige Betätigung und durch Überprüfen von Annahmen.

Die Kinder bringen durch die stärkere emotionale Beteiligung zusätzliche geistige Anstrengung auf und gelangen so zu tiefer-greifenden Erkenntnissen (vgl. Kommentar zum Lehrplan der Volksschule 1990, S. 135 ff.).

Anlässe für entdeckendes Lernen im Unterricht

* Regeln und Gesetzmäßigkeiten entdecken und formulieren:

Die Schüler versuchen, bestimmte Regeln und Gesetzmäßigkeiten aus sachunterrichtlichen, sprachlichen oder auch mathematischen Bereichen selbst zu formulieren, wenn möglich auch auf ihre Gültigkeit hin zu überprüfen. Dabei erfolgt eine intensive Auseinandersetzung mit dem jeweiligen Sachverhalt. Missverständnisse, die bei der Versprachlichung des Entdeckten auftreten, können geklärt im Unterricht geklärt werden.

* Ordnungsgesichtspunkte finden und erproben:

Die Schüler suchen nach möglichen Gesichtspunkten, um bestimmte Gegebenheiten zu ordnen. Das Vergleichen der gefundenen Ordnungen erfolgt unter dem Gesichtspunkt der Brauchbarkeit; dabei erkennen die Schüler, dass verschiedene Einteilungen möglich sind.

* Alternative Lösungen suchen:

Bei diesem Anlass suchen die Schüler zu vorgegebenen sozialen oder lebenspraktischen Problemen, aber auch zu Denkproblemen und Lernaufgaben jeglicher Art verschiedene Lösungsmöglichkeiten und vergleichen sie miteinander.

* Eine Annahme überprüfen oder eine Frage klären:

Die Schüler suchen nach Möglichkeiten und Wegen, eine Annahme zu überprüfen oder eine Frage, die im Unterricht aufgetaucht ist, zu klären. Das Problem bei dieser Arbeit besteht darin, dass ein geeignetes Verfahren gefunden werden soll, mit dem notwendige Informationen gewonnen werden können.

Der Lehrer, der die Form des entdeckenden Lernens in seinen Unterricht einbringt, wird Sensibilität für Entdeckungssituationen entwickeln. In vielen Fällen schulischen Lernens ist völlig selbständiges Entdecken nicht möglich. Es gibt Sachverhalte, für die das Entdeckungslernen eher ungeeignet ist. In Bereichen, in denen Wissen und Fertigkeiten kurzfristig abrufbar automatisiert werden müssen, wie beispielsweise beim Rechtschreiben, ist das entdeckende Lernen zu zeitaufwendig und könnte auch zum Einprägen falscher "Erkenntnisse" führen. Im Unterricht kann jedoch häufiger ein "entdecken-lassendes Lehrverfahren" oder ein "gelenktes Entdecken" durchgeführt werden. Das Ziel des "gelenkten Entdecken" ist es, dass der Lehrstoff so aufgearbeitet wird, dass seine Strukturen für die Kinder leichter zu entdecken sind beziehungsweise dass Lehrstoffe in Probleme umgeformt werden
Der Lehrer soll bei seinem Unterricht nach Möglichkeit von der subjektiv-konkreten Erlebnis- und Handlungswelt des Kindes ausgehen. Die Offenheit für die Erfahrungen und

Entdeckungen der Schüler kommt dem ursprünglichen Drang zum schöpferischen Selbstaufbau seiner Person in aktiver und anstrengender Auseinandersetzung mit der Welt zugute. Dabei wird auf ein sorgfältiges, immer differenzierteres Wahrnehmen und Beobachten, Analysieren und Bewerten, Fühlen und Wollen, Denken und Handeln Wert gelegt. Der Lehrer ist anzuhalten, ein Höchstmaß an Eigenaktivität, Selbststeuerung, Eigeninitiative, kreativer Betätigung u. a. des Kindes zu gewähren beziehungsweise sicherzustellen (vgl. Kommentar zum Lehrplan der Volksschule 1990, S. 137 f.).

Elternarbeit
Eltern können durch Unsicherheit und Repression die bei den Kindern in Gang gekommenen kreativen Prozesse hemmen. Eine Kreativierung von Kindern hat meist die Kreativierung ihrer Eltern zur Folge. Die Probleme, die sich dadurch in der Praxis ergeben sind ökonomischer und fachlicher Art. Die ökonomischen Probleme ergeben sich aus der zusätzlichen zeitlichen Belastung der Lehrer, da sich die Arbeit mit den Eltern meist nur auf die Abende erstrecken kann. Hinzu kommen noch finanzielle Probleme; die systematische Elternarbeit wird von den verantwortlichen Stellen oft als überflüssig betrachtet - aber "Zeit kostet Geld!".
Die fachliche Problematik beinhaltet viele Aspekte. Eine kreative Elternarbeit fordert vom

Lehrer zusätzliche Fachkenntnisse in bezug auf den Umgang mit Erwachsenengruppen. Der Lehrer ist stets bemüht, alle Elternteile in seine Arbeit mit einzubeziehen. Deshalb beschäftigt ihn die Frage, wie er fortbleibende Eltern erreichen kann. Indem der Lehrer Aktionsgruppen bildet, bietet er den Eltern einen intensiven Einblick in die Arbeitsweise der Schule. Die Eltern werden dadurch "praktisch" kreativiert, indem sie mit Spielregeln vertraut gemacht werden, mit bildnerischem Material experimentieren, Improvisation, Aktion und multimediale Gruppenreflexion üben, um sich selbst zu einer aktiven kreativen Gruppe zu entwickeln.

Eine Möglichkeit der Zusammenarbeit mit den Eltern besteht darin, dass sich einige Eltern in den Kindergruppen arrangieren. Dies setzt voraus, dass sie sich als wirkliche Partner der Kinder verstehen, ein nichtautoritäres Verhalten zeigen und auf das kreative Verhalten der Kinder "richtig" eingehen. Eine gute Zusammenarbeit mit den Eltern kann einen nachhaltigen pädagogischen Effekt erzielen.

Bei einer erfolgreicher Elternarbeit können sich die Erwachsenen auch an der Organisation beteiligen. In dieser Funktion bereiten die Eltern gemeinsam mit den Schülern Veranstaltungen vor und beteiligen sich aktiv an Ausflügen und Besichtigungen. Diese Erkenntnisse wurden aus einem Erfahrungsbericht über einen Versuch an einer Jugendkunstschule entnommen. Die Elternarbeit in der Jugendkunstschule Wuppertal ist nur langsam angelaufen; die Zusammenkünfte mit den Eltern fanden in einem sechs- bis achtwöchigem Turnus statt. Es nahmen nur 40 Prozent der Eltern an den nahmen an den Elternabenden teil, wobei sich bei der Elterngruppe keine bestimmte soziale Schicht abhob. Festzustellen ist, dass die Eltern nach ausreichender Information etwa zu 75 Prozent bereit sind, ihren Wunsch nach Ausbildung ihrer Kinder zu "kleinen Künstlern" zugunsten der Zielsetzung der Jugendkunstschule aufzugeben und die Zusammenarbeit mit dem Kreativ-Lehrer fortzusetzen (vgl. WOLLSCHLÄGER 1972; in SCHIFFLER 1978, S. 38 f.).

Eine gute Zusammenarbeit mit den Eltern kann bei den Schülern der Grundschule die positive Einstellung zu einer kreativen Betätigung stärken, da die Kinder so zu schöpferischem Lernen motiviert werden. Bei einer "kreativen" Unterrichtsatmosphäre können die Schüler ihre Gedanken frei entwickeln und äußern, ohne Angst vor ihrer Phantasie zu verspüren. Ein persönliches Verhältnis zwischen Eltern, Lehrer und Schülern ermutigt die Lernenden, ihre Gefühle bewusst zu erleben und zu akzeptieren. Diese emotionale Voraussetzung ist für eine kreative Unterrichtsarbeit von großer Bedeutung.

Erwünschtes Verhalten der Eltern gegenüber ihren Kindern

Der Erziehungsauftrag, den Eltern zu erfüllen haben, ist oft mit Schwierigkeiten verbunden; auch lassen sich auch oft Fehler in der Erziehung der Heranwachsenden nicht vermeiden. Doch Fehler sollen von den Erwachsenen stets eingesehen werden und die Kinder sollen als "Partner" betrachtet und behandelt werden.

Durch die Liebe der Eltern sind Kinder bereit zu lernen und auch bereit sich der Umwelt anzupassen. Wichtig ist, dass sich die Erzieher auf besondere Anforderungen, die sich im Laufe der Kindesentwicklung ergeben, richten und auf Fähigkeiten und Bedürfnisse der Kinder richtig eingehen. Da die Zeit oft neue ungewohnte Anforderungen stellt, brauchen wir bereits heute Menschen mit Ideen - kreative Menschen. Die überbevölkerte technische Welt braucht Mitbürger, die weiterdenken, die neue Wege ausprobieren können, um mit den Problemen der Zukunft fertig zu werden. Die Kinder müssen sozusagen für die Welt von morgen und nicht für die Welt von heute erzogen werden. Auch die Erziehung der Eltern stellt eine "Quelle" für die Entwicklung und Förderung von schöpferischen Fähigkeiten dar.

Kinder in der Schuleintrittsphase

Für Kinder ist ein harmonisches Familienleben von großer Wichtigkeit. Gemeinsames Essen, Spielen mit der ganzen Familie, Vorlesen von Märchen und Geschichten, Üben von einfachen

Versen und das Spielen mit Kasperlfiguren sind Möglichkeiten, sich mit den Kindern aktiv zu beschäftigen und auf ihre Spiele einzugehen.

Bei Konfliktsituationen und Streit artet die Unzufriedenheit mit dem eigenen Leistungsvermögen oft mit Tränen und Wut aus. Schreien, Toben und Jammern können zu Mitteln zur Durchsetzung der kindlichen Wünsche werden. Wenn Kinder merken, dass sie mit diesen Gefühlsattacken ihre Ziele erreichen, werden sie diese systematisch immer wieder einsetzen. Die Eltern sollen ein Vorbild für gute Laune sein und die traurigen Kinder durch freundliches Zureden ablenken. In diesem Alter brauchen Kinder eine möglichst harmonische Umwelt, in der sie Raum für ihre Selbstfindungsversuche haben. Lebhafte Auseinandersetzungen mit den Eltern können eine Funktion eines "reinigenden" Gefühls haben, da die Kinder in Konfliktsituationen ihre Meinung offen vertreten.

In dieser Phase ist es wichtig, dass die Kinder ihre Phantasie und ihr Vorstellungsvermögen erhalten und ihre Interessen erweitern. Die Kinder brauchen dafür keine fertigen Spielsachen, sondern vielfältig verwendbare, veränderbare Sachen. Eltern können die kreative Entwicklung ihrer Kinder fördern, indem sie den "Sprösslingen" viel Anerkennung zeigen und sich über ihren Einfallsreichtum freuen und sie ihr Tun durch Loben zusätzlich hervorheben.

Eine zentrale Bedeutung hat in diesem Alter das Rollenspiel, da die Heranwachsenden für das

Spielen bestimmter Berufe und Figuren sehr empfänglich sind. Diese Fähigkeit zum Nachempfinden von Rollen zu schulen ist wichtig für die Übernahme von Verhalten und Charakter. Kreative Beschäftigungsangebote stellen für Kinder beispielsweise Ton und Knetmasse, Schere und Papier (zum Herstellen von Faltbildern), eine Tafel und bunte Kreiden oder Fingerfarben dar (vgl. ERTEL 1991, S. 203 ff.).

Kinder im Alter von 7 und 8 Jahren
In diesem Alter ist ein Anerkennen der Selbständigkeit der Kinder bedeutsam. Kreative Kinder wollen als entscheidungsfähige Partner gelten und ernstgenommen werden.
Die Eltern sollen die Fragen der "neugierigen" Kinder erlauben und so ehrlich wie nur möglich beantworten. Ein Grundsatz für dieses Argument ist: "Wer reif genug für eine Frage ist, ist auch reif genug für eine Antwort." Fragen stellen zu können und zu dürfen ist eine Grundvoraussetzung für kreatives Verhalten.
Die Erwachsenen sind anzuhalten, die Kinder in diesem Alter nicht mit Tadel zu verletzen, da sie noch sehr kritikempfindlich sind. Ablehnendes Verhalten und Kränkungen demütigen die Heranwachsenden und schwächen ihren Mut und ihr Selbstbewusstsein. Tadel, Strafe oder Verspotten sind wahre Störfaktoren für die Entwicklung im allgemeinen und für die Entfaltung der Kreativität im besonderen. Kinder brauchen in dieser Phase genügend Raum für

schöpferisches Spielen und Beschäftigen. Sie brauchen auch einen Freiraum für Abenteuer, Experimente und Einfälle. Das schöpferische Verhalten kann durch die Eltern positiv beeinflusst werden, indem die Erwachsenen sensibel für die Ideen ihrer Kinder reagieren und sich für die kreative Betätigung interessieren und die Einfälle der "Forscher" durch Mitmachen unterstützen.

Die Kinder sind sehr aufgeschlossen für Neues und Unbekanntes. Sie sind ausgesprochen neugierig, wissbegierig und wollen alles erproben und kennen lernen. Diese generelle Haltung der Kinder ist für die Kreativität sehr förderlich und sollte deshalb konsequent von den Eltern unterstützt werden. In diesem Alter trainieren Kinder gerne ihre technischen Fähigkeiten an Konstruktionsspielen. Physikalische und chemische Umgestaltungsprozesse stellen faszinierende Erlebnisse für die kreativen Kinder dar. Eine kleine "Werkstätte", wo ein Arbeiten mit Nägeln, Hammer und Säge möglich ist, wo Kinder mit bestimmten Materialien nach Belieben werken können, wäre für die Förderung der Kreativität optimal (vgl. ERTEL 1991, S. 215 ff.).

Kinder im Alter von 9 und 10 Jahren
Toleranz und Aufgeschlossenheit stellen Gesichtspunkte dar, die für eine vertrauensvolle Eltern-Kind-Beziehung entscheidend sind. Für Kinder ist das Erproben der gewonnenen Selbständigkeit von Bedeutung (Mitmachen bei

Radtouren oder Ausflügen). Bei aller Notwendigkeit, eigenständig zu werden, brauchen die Kinder aber immer noch die ganze Zuneigung und verständnisvolle Liebe ihrer Eltern. Die Eltern sind darauf hinzuweisen, dass eine zu geschlechterspezifische Erziehung zu vermeiden ist, um nicht ein zu extremes Festlegen auf typische Rollen auszulösen. Alle Beschäftigungen, die mit Entdecken und Erforschen zu tun haben, sind förderlich für die Entfaltung der Phantasie und Problemsensibilität. Die Kinder brauchen eine Spielwelt, die sie zum Experimentieren und Probieren anregt. Ein wesentliches Beschäftigungsfeld stellt die freie Natur dar. Im Wald, am Bach und am See können Kinder etwas erleben und entdecken. Ein Chemiebaukasten ist ein tolles und nützliches Geschenk für Kinder im Alter von neun und zehn Jahren; damit können sie herumexperimentieren und interessante Entdeckungen machen. Konstruktions-, Geschicklichkeits- und Kombinationsspiele genauso wie Lego- und Baukästen sind sehr sinnvolle Beschäftigungen, an denen die Kinder ihre Experimentierfreude und ihre Konstruktionsvermögen entfalten können.

Auch Vorlagen zum Nachbauen von Flugzeugen oder Schiffen und ähnlichem können das geistige Potential der Kinder anregen, jedoch ist es fördernd, wenn die Eltern zur kreativen Veränderung oder Erweiterung der Vorlagen motivieren (vgl. ERTEL 1991, S. 224 ff.).

LITERATURVERZEICHNIS

BUROW, O.-A.: Lernen für die Zukunft. In: Pädagogik, Juni 1992, S. 5 - 14.

CROPLEY, A.J.: Unterricht ohne Schablone - Wege zur Kreativität. 2. Aufl., München: 1991.

DAVIS, G. A.: Übung der Kreativität im Jugendalter: eine Diskussion über die Strategie. In: MÜHLE, G.; SCHELL, Ch. (Hrsg.): Kreativität und Schule, S. 105 - 115. 2. Aufl., München 1970.

ERTEL, H. Jedes Kind ist begabt. Düsseldorf / Wien / New York: 1991.

FENEK, G. Das kreative Kind - Fähigkeiten spielend fördern. Düsseldorf 1989.

GRUNDSATZERLASS zur ganzheitlich-kreativen Erziehung in den Schulen. Hrsg. v. Bundesministerium für Unterricht, Kunst und Sport. Z1.10.077/23-Präs. 20a/90. Wien: 1990.

HALLMAN, R. J.: Techniken des kreativen Lehrens. In: MÜHLE, G.; SCHELL, Ch. (Hrsg.): Kreativität und Schule, S. 175 - 180. 2. Aufl., München 1970.

HÖHLER, G.: Die Zukunftsgesellschaft. 1. Aufl., Düsseldorf / Wien: 1986.

Kommentar zum Lehrplan der Volksschule. 1. Aufl., Wien 1990.

KÖPPEL, G.: Kreativität im Grundschulalter. In: Lehrer Journal. Grundschulmagazin 12/1988, S. 2 - 6.

LANDAU, E.: Psychologie der Kreativität. 2. Aufl., München / Basel 1971.

Lehrplan der Volksschule. 4. Aufl., Wien 1987.

LIEBRICH, K.: Kreativitätsförderung in der Grundschule. In: Lehrer Journal. Grundschulmagazin 12/1988, S. 6 - 8.

MÜHLE G.; SCHELL CH.: (Hrsg.): Kreativität und Schule. 2. Aufl., München 1970.

ROHR, A. R.: Kreative Prozesse und Methoden der Problemlösung. Weinheim und Basel 1975.

SCHIER N.; LODDENKEMPER H.: Schule als Instanz sozialer und kreativer Lernprozesse. München 1980.

SCHIFFLER, H.: Fragen zur Kreativität. 4. Aufl., Ravensburg 1978.

SEIFFGE-KRENKE, I.: Probleme und Ergebnisse der Kreativitätsforschung. Bern 1974.

SEITZ, R.: Wollen wir Phantasie und Kreativität wirklich bei unseren Kindern? In: Phantasie - Eine vernachlässigte Dimension in der Erziehung, S. 77 - 90, Salzburg 1987.

ULMANN, G.: Kreativität - Neue amerikanische Ansätze zur Erweiterung des Intelligenzkonzeptes. Weinheim / Berlin / Basel 1968.

WEBER, E. W.: Schafft die Hauptfächer ab! Plädoyer für eine Schule ohne Streß. Bern 1991.

WEHLE, G. (Hrsg.): Pädagogik aktuell. Lexikon pädagogischer Schlagworte und Begriffe. Bd. 3, München 1973.

WILLIAMS, F. E.: Intellektuelle Kreativität und der Lehrer. In: MÜHLE, G.; SCHELL, Ch. (Hrsg.): Kreativität und Schule. 2. Aufl., München 1970.

WINNICHOTT, D. W.: Vom Spiel zur Kreativität. 6. Aufl., Stuttgart 1992.

WOLLSCHLÄGER, G.: Kreativität und Gesellschaft - Neue pädagogische Methoden am Beispiel der Jugendkunstschule Wuppertal. Wuppertal 1971.

Michaela Seidl

Ökologie und Ökonomie - Umweltschutz beginnt bei dir!

Da die Seminararbeit des fünften Semesters der Volks- und Hauptschullehrerausbildung an der Stiftung Pädagogische Akademie Burgenland unter dem Thema der Verbindung von Ökologie und Ökonomie steht, ergab sich bei der Diskussion der Seminargestaltung der Wunsch der Studierenden nach einer praktischen Umsetzungsmöglichkeit dieses Themas. Um sowohl den akademischen Anforderungen (Vgl. PEHOFER, 2000) als auch den Kriterien projektorientierten Arbeitens zu entsprechen (MEIDL/PEHOFER 2000), wurde zunächst in der vorhandenen Literatur nach möglichen Themenimpulsen gesucht. Dabei wurde die Gruppe insbesondere von einem Projektvorschlag von Michael UNGERSBÖCK (vgl. UNGERSBÖCK; 1997, S. 30) angesprochen: Wein "LESEN" - Arbeit beim Weinbauern, Rezepte von Weintrauben, Aquarelle von Weingärten ...

Nachdem das Burgenland eine ausgesprochene Weingegend ist und einige Studierende sogar aus weinbaubetreibenden Familien stammen, bot sich das Thema in idealer Weise dazu an, die Beziehungen und Wechselwirkungen von Ökologie und Ökonomie zu erarbeiten.

Nach der Themenfindung entschlossen wir uns, projektorientiert zu arbeiten und erstellten den

Terminplan und die Projektskizze. Dabei war vorerst einmal zu klären, was "Weinlesen" überhaupt mit Umweltschutz, mit Umwelterziehung zu tun hat.

Umwelterziehung ist mehr als Unterricht über Umweltprobleme. Die Bereitschaft, sich umweltbewusst zu verhalten, setzt einen wesentlichen Anteil positiver Emotionen voraus. Unsere Natur ist bedroht, aber sie enthält immer noch eine Fülle an Erlebnissen, Geheimnissen, die es zu entdecken gilt. Die Natur genauer anschauen, Details entdecken, Eindrücke auf sich wirken lassen, die Vielfalt der Natur, ihre Lebendigkeit mit Hilfe aller Sinne begreifen. Nur daraus kann eine positive Beziehung zur Natur entstehen (vgl. BODINGBAUER, ENDLER, HOLZMANN; 1997, S. 46 f).

Ein interessanter Zusammenhang ergab sich mit dem Fach "Schulgarten", welches in den Grundschulen der neuen Bundesländer Deutschlands sogar ein eigenständiges Unterrichtsfach ist. Betrachtet man die Ziele des Schulgartenunterrichts, so sind diese auch auf das Projekt "Weinlesen" anwendbar:

Die Schüler sollen:

- "ihre Sinne und ihr ästhetisches Empfinden verfeinern, Staunen lernen, ihre Fragefähigkeit entfalten und Freude an gärtnerischer Arbeit gewinnen;

- organisatorisches und praktisches Geschick bei der Gartenarbeit und bei der Arbeit mit Naturmaterialien herausbilden und verfeinern;

- elementare Artenkenntnisse und botanische Kenntnisse erwerben sowie wichtige Kultur- und Wildpflanzen kennen lernen;

- ökologische Sachverhalte erkennen und verstehen;

- Verantwortungsbewusstsein für die lebende Natur entwickeln und vor allem durch konkretes Handeln umweltgerechtes Engagement einüben;

- wichtige Tugenden wie Zielstrebigkeit, Kreativität, Ausdauer und Geduld ausprägen" (BAIER, KOLODZIEJ, 1997)

Es gilt als gesichert, dass die konkrete Erfahrungs- und Lebenswelt der Schüler - und das trifft auch für Studierende zu - einen wesentlichen Einfluss auf die Ausprägung von ökologischen Kenntnissen, umweltorientierten Einstellungen und Wertvorstellungen besitzt. Primärerfahrungen, die in der Lebenswelt und in der natürlichen Umwelt durch Tasten, Riechen, Schmecken, Sehen verbunden mit dem Erkennen der eigenen Stellung im

Beziehungsgefüge Mensch - Natur erworben wurden, können durch keine noch so interessanten Sekundärerfahrungen ersetzt werden. Primärerfahrungen zeichnen sich durch eine höhere Intensität sinnlicher Wahrnehmungen und Qualität des Erlebens aus, welche zu einer festen Speicherung im Gedächtnis führen. Sie sind dauerhafter und persönlich bedeutsamer als alle auf anderem Wege gewonnene Erfahrungen (vgl. BAIER, KOLODZIEJ; 1997, S. 30).

Auch die Gesellschaft für Didaktik des Sachunterrichts (GDSU), die seit ihrer Gründung 1992 an der freien Universität Berlin für den Weiterbestand und Ausbau pädagogischer Schulgartenarbeit eintritt, weist auf die vielfältigen Möglichkeiten pädagogischer Arbeit im Schulgarten hin. Dazu gehört neben den bereits genannten Zielen auch das Kennenlernen ursprünglicher Arbeitsvorgänge, die Entwicklung von Freude und Wertschätzung praktischen Tätigseins, das Verstehens von Naturkreisläufen und Lebenszusammenhängen, der Aufbau verbraucherkritischen Verhaltens und das Einüben gesunder Lebensführung (vgl. SCHWIER; 1997, S.38).

In Brandenburg erfolgte eine Evaluation zur Nutzung des Schulgartens bei der Umsetzung des Rahmenlehrplans für den Sachunterricht. Dabei wurden auch Lehrerinterviews durchgeführt, wobei die Lehrerinnen u.a. folgende Meinungen äußerten:

- Im Garten können die Kinder ihrem Bewegungs- und Forscherdrang nachkommen.

- Im Garten sind Konflikte zwischen den Kindern seltener, da sie sich in einer natürlichen Umgebung befinden und durch körperliche Belastung Aggressionen oft im Ansatz abgebaut werden können.

- Die praktische Tätigkeit im Schulgarten erleichtert das Erleben von Lernerfolg durch alle Schüler.

- Wichtige kommunikative Verhaltensweisen werden bei der Arbeit gefördert: gemeinsam handeln, sich helfen, rücksichtsvoll sein, abwarten, miteinander sprechen, Vorschläge des anderen akzeptieren, sich einigen u.a. Dadurch kann zunehmender Aggressivität, Rücksichtslosigkeit, Rechthaberei und Streitsucht unter den Kindern begegnet werden (vgl. KOCH; 1997, S. 112 ff).

Durch diese Ziele und Möglichkeiten wurde der Gruppe klar, dass sehr viele Parallelen zwischen dem gewählten Projektthema „Weinlesen" und dem Bereich der Umwelterziehung vorhanden sind. Nun lag es an der Gruppe der Studierenden, praktische Umsetzungsmöglichkeiten zu finden. Es wurde in Kleingruppen gearbeitet, wobei sich folgende Bereiche ergaben:

Gruppe1: Interviewgruppe: Interviewen von Weinbauern, Naturweingärtnern...

Gruppe 2: Schulpraxisgruppe: Umsetzung des Themas in der Schulpraxis der Volks- und Hauptschule, z.B. Arbeit im Weingarten und im Weinkeller, die Natur im Weingarten mit allen Sinnen erleben, Nutzung der Weintraube, Lebensraum Weingarten, fächerübergreifende Möglichkeiten...

Gruppe 3: Mediengruppe: Dokumentation durch Fotos, Video, Anlegen einer Sammelmappe...

Gruppe 4: Rezeptesammlung: Rezepte mit Weintrauben bzw. mit Wein, praktische Umsetzungsmöglichkeiten mit den Kindern einer Klasse...

Weiters sollte eine Exkursion die Studierenden zu einem Weinbauern führen, der "Integrierten Weinbau" betreibt sowie ein Lehrausgang der 4.Klasse der Übungsvolksschule zur Weinlese und zur Winzergenossenschaft unternommen werden. Die Klasse bearbeitete anschließend mit ihrer Klassenlehrerin Hilde Etl das Thema fächerübergreifend in der Klasse.

Natürlich hat jedes Projekt auch einen Höhepunkt. Das war eine Präsentation des Projekts "Weinlese" in einer anderen Gruppe von Studierenden des 5. Semesters der Volks-

und Hauptschullehrerausbildung. Auch hier versuchten wir, möglichst viele Sinne anzusprechen:

Projektpräsentation

1. Musikalischer Einstieg: „Sounds of wine" (Gärungsgeräusche)
2. Bericht der Interviewgruppe mit Resümee
3. Filmausschnitt von der Exkursion
4. Geschichte „Der Fuchs und die Trauben"
5. Bericht der Schulpraxisgruppe
6. Rezepte vorstellen, praktische Umsetzung in der Klasse
7. Verkostung: Most, Wein, Weintraubenkuchen....

Die Dokumentation erfolgte durch Anlegen einer Sammelmappe, welche die Interviews, die praktische Arbeit der Schulpraxisgruppe, die Rezeptsammlung, sowie Fotos der Exkursion beim Weinbauern bzw. des Lehrausganges bei der Weinlese beinhaltet. Diese Mappe wird aufgelegt und anderen Studierenden zum Kopieren zur Verfügung gestellt.

Projektkritik:

Aus zeitlichen Gründen war es den Studierenden nicht möglich, gemeinsam an der Weinlese teilzunehmen. Diese fehlende Erfahrung hat die

Arbeit in den Kleingruppen erschwert. Die Präsentation und auch die Dokumentation sind sehr gut gelungen. Anschließend werden nun die Ergebnisse der einzelnen Gruppen der Studierenden vorgestellt.

Literatur:

BAIER Hans, KOLODZIEJ Peter: Sachunterricht zwischen Integration und fachlicher Spezifik, In: Giest, Hartmut: Sachunterricht. Universität Potsdam 1997. S. 10-25.

BODINGBAUER Lothar, ENDLER Gabriele, HOLZMANN Wolfgang: Einfälle statt Abfälle. In: Anlanger, Otto u.a.: Auf der Seite des Lebens - Impulse zur Umwelterziehung- Schulheft'87, Wien 1997. S. 46-51.

KOCH Gisela: Erste Ergebnisse einer Evaluation zur Nutzung des Schulgartens bei der Umsetzung des Rahmenplanes für den Sachunterricht im Land Brandenburg- S. 112-123. In: Giest, Hartmut: Sachunterricht. Universität Potsdam 1997.

MEIDL, Claudia; PEHOFER, Johann: Projektarbeit. In : Paedagogica Pannonia. Beiträge zu Theorie und Praxis der Pädagogik. Heft 1/2000, 1. Jahrgang, Eisenstadt 2000, Seite 27-59

PEHOFER, Johann: Grundsatzüberlegungen zu einer „Akademisierung" der Pädagogischen „Akademien" (2000) In: Mitteilungsblatt der KLB, 1, Mattersburg 2000, Seite 4-5

SCHWIER Hans-Joachim: Zusammenwirken von Schulgartenunterricht und Heimat- und Sachunterricht - länderspezifisch nur in Sachsen-Anhalt? In: Giest, Hartmut: Sachunterricht. Universität Potsdam 1997. S. 38-47.

UNGERSBÖCK, Michael: Natur erfahren statt Kreidebiologie. In: Anlanger, Otto u.a.: Auf der Seite des Lebens - Impulse zur Umwelterziehung, Schulheft 87, Wien 1997. S. 26-34.

Roy Williams

The Global Reach of the Mass Media and Information Technology[11]

In an article entitled the "Loss of Pedagogies due to New Media", Johann Pehofer[12] identifies a key dimension in how we should address the challenge of the Mass Media and Information Technology as it impinges on the minds of the young. He argues that:

"Pupils should acquire, in addition to knowledge and skills, the ability to live in a society, to reflect upon and to self-examine their ways of thinking ..."[13]

Few educators would doubt that the media is a global force for the dissemination of information and knowledge and that with this comes the means to influence and shape our perceptions of and attitudes to the world in which we live. Dr Pehoffer's call for reflection and the self-examination of our ways of thinking now seems

---

[11] This paper was orginally presented to the Council of Europe's Intercultural Education Seminar held at Timosara, Romania,1994. It has been up-dated to take into account the Internet and its potential for influencing teaching and learning in schools and the response of teacher education to this new challenge.

[12] Johann Pehofer: Loss of pedagagocs due through New Technologies? In: Paedagogica Pannonia. Beiträge zu Theorie und Praxis der Pädagogik. 1. Jahrgang, Heft 1 / 2000. Eisenstadt 2000, page 135-141

[13] ibidem

much more important given the impact of the Internet in our lives and the freedom of access that makes available even the most extreme of ideas and lifestyles to the ordinary citizen . Moreover, this 'knowledge' is unrestricted and open to intellectual abuse so that even dangerous skills such as the making of terrorist weapons or ideas pertaining to ideologies such as racism is openly purveyed on the world wide web.

As we stand at the beginning of a new century and reflect back on the turbulent troubles of the old, we become more conscious of the power of the media and IT to transcend national and cultural boundaries. Furthermore, such power is being concentrated into fewer and fewer hands as the media moguls acquire more and more control over the instruments of dissemination. To sustain this concentration and control, wealth must be made in the global marketplace and that means providing what was once described as the 'lowest common denominator' of entertainment to attract as many viewers, and, therefore, advertisers, to the programmes. The rise of e-commerce is following a similar scenario; the more 'hits' a site receives the more it attracts those who are prepared to pay to sell their wares through it.

Television and the Internet are seen by some as 'windows' on the world we live in. Claims have been made for these facilities to be seen as a great steps forward for education, for making knowledge available to all and there may be an element of truth in this. Their capacities to penetrate in to daily lives of people and to open up the world at the click of a switch seem to possess an appeal that democratic educationalists have long wished for. But within this seemingly open agenda for learning there exists other agendas that need reflecting upon. It is the existence of these other agendas that educationalists should be concerned about and ensure that students bring to them the reflective and critical thinking that will ensure their exposure in the curriculum of schools and colleges. Regis Debray observed that the darkest spot in the modern world is the small illuminated screen in the corner of the room and the pedagogical sciences would do well to try to bring some light into this dark spot.

Among the many issues that the new media throws up is the one that it appears to promote, namely, the presentation and advancement of cultural diversity in the world. Their global reach allows the 'viewer' to go anywhere irrespective of time and distance. From the confine of a private room, it is possible to travel to another country, experience its landscape and culture, watch its festivities and sports, even shop in its streets and arcades. But the question arises: is this a virtual or actual reality? Is what we see are seeing or interacting with the reality of a people, society or culture or is it the recreation of it to fit with the globalised perspective of the makers and controllers of the global culture? It may seem a multicultural and diverse world through the images being transmitted but in reality it is an homogenised version conditioned by commercial interests.

One way of challenging this 'media' version is to strengthen the intercultural dimension of education, to use new technologies in the service of democratic education and to encourage and allow greater interactive participation in the process through the development of their abilities to live in the society of which they are members. Technological advances now provide the capacity for people to particpate much more fully in 'creative education'. The computer gives everyone the ability to make a contribution through the utilisation of the media itself and to transmit that contribution across boundaries. In short, the citizen can challenge to global media moguls with their own weapons and their own technical know-how. Their experience of their culture need not be confined within the boundaries of their geographical limits nor their conversations exchanged with those who are within earshot. They can share almost everything they experience with someone who may be thousands of kilometres distant and within in a few moments of time. In this way cultures can be opened up and their meanings not distorted by other considerations.

There is the urgent need for educators to re-think the approach to the global reach and power of the media. Certainly at the beginning, as is being done at present, to be critical of its purpose and function and its motivation. But then to move beyond this stage to explore how it can be used for education itself and further still how it can help develop and sustain learning for the creation of diverse democratic cultures throughout the world that are respected and valued for what they are. The speed of technological change is both a threat and an opportunity: a threat if educators do nothing except bemoan its influence but an opportunity if they move to harness its power in their cause.

There is an imbalance in the control of the world of global communications, too few people hold the power to use it to shape and inform our thinking and our perceptions of what we experience. The time has come to redress this imbalance and education must take the initiative to restore a measure of equilibrium into the equation. At the present time, power is concentrated at the centre and dispersed to the periphery, the challenge to education in the information age is to reverse the flow.

Roy Williams is presently a visiting research lecturer at the University of Strathclyde and Canterbury Christ Church University College. He is also the Coordinator of the ITE Network, an organisation for the promotion of innovation in teacher education in Europe.
He has taught in schools at all levels of education and was for several years a Regional Officer for the Schools Council for England and Wales before becoming a Research Fellow at the University of Sussex where he

worked mainly in the field of Environmental and Development Education.

He has published a number of books on environment and development education and completed a number of research investigations for the EC and the Council of Europe. His main interests are in the field of political education and cultural studies and is currently exploring the concept of cultural identity and its relevance to the making of a European identity at the beginning of a new century.

Johann Pehofer

Pokus filozofskoga dokazanja
da je Potpomaganje talenta važno

Ne moremo gledati potpomaganje čolvičanstvene nadarenosti, ako gledamo sudbinu človika samo površno.

Prvo nego gledamo potriboću da se potpomagaje talentov točnije, i da se zna to i dokazati, moramo početi kod človika, moramo gledati naturu svakoga pojedinoga. U grčkoj filozofiji su jur znali, „svaki človik sam za sebe je jedan individuum."[1]

Ove razlike človika se znadu objasniti kroz „sastav od različnih sposobnosti, duševnih stanj, ćutenj, predstovov, koja su vezana samom sebi ili jednomu človiku, ali koja su isto tako različna."[2]

Ova različnost človika, koja je uvjetovana od različnosti njegovoga talenta[3], postavi pitanje: Kako se moru ove nadarenosti ocijeniti? Kako daleko stoju jedni talenti nad drugimi, je to samo pitanje različne ocijene.

Načiniti ovde jedan red je zaman. „Moglo bi biti da u jednom človiku nisu individualni principi isti kot u drugom. Zato je svaki človik za sebe jedno jedinstvo, i u sebi svršen."[4]

Ako velimo, da je svaki človik svršen, ali isto tako različan, onda se otvori pitanje kako daleko mu znamo pomoći ako kanimo podupirati njegove talente.

Jur u helenismu nisu definirali človika samo zbog roda i pozicije u društvu, nego isto tako zbog talentov i nadarenosti[5], i zbog toga to more biti još već važno za naš čas. (Mi smo vidili čuda ljudi ki već nisu bili vladari zbog rodbine, nego su je poštovali i odlikovali zbog talentov, fantazije i znanosti.)

„To ča je zaista božanstveno, to ima svaki: talenat i nadarenost su nešto posebnoga."[6]. Talenat nam ne veli ča je človik vridan, ali svaki ima pravo, da dostane svako podupiranje toga čudnoga, i prez da se gleda na razlike u talentu.

„Ne znamo odlučiti da li je natura već investirala, da se stvori jedan Newton, jedan Corneille, jedan Aristoteles, ili jedan Sophokles. Znamo ali reći, da ovde dvoje vrsti talenta samo imenuju različni smir u hasnovanju fantazije."[7]

Da se moru potpomagat talenti, to ni samo u pedagogiji i antropologiji dokazano, nego isto u filozofiji. Za filozofiju je potpomaganje svakoga pojedinoga talenta isto tako jako važna osnovna potreba.

„To dojde od toga kad človik zna s timi talenti čuda već dosignuti, ako živi u jednoj okolini, koja potpomaže njegove nadarenosti, nego ako more odrasti medju grubimi prilikami."[8]

Da se potpomažu talenti, to je jedna važna predpostavka, postajanje človika. „Človičanstvo ne more dojti k slobodi prez visoke duhovne učnje, i toj ne prez ove."[9] Jer ... „prez školovanja duha i razuma se ne mora ništ stvoriti."[10]

80

Ar potpomaganje talenta mora imat konačni cilj, „da se svako pojedino trsenje stvori skupa na jedno cijelo, a to s tim ciljom, da znamo človiku dati jedno dobro školovanje. "[11]

Ovde smo sada na to došli, ča bi znali gledati kot vez medju potpogaganjem talenta i potpomaganjem jako talentiranoga človika.

Potpomaganje i identifikacija visoko taleniranog je isto tako humano i socijalno potribovanje, kot potpomaganje individualnoga talenta. Jedno humano potpomaganje zato, kad ima svaki človik pravicu, da njega gledamo zbog njegove jakosti, ar od toga van se razvija njegova samosvist i njegovo samoostvaranje.

Jedno socijalno potribovanje zato, kad odvisi razvitak našega društva od ishasnovanja toga potencijala ki je ovde.

Zato ima i institucija škola ovde dužnost, da na polju potpomaganja talenta i visoko talentiranoga človika realizira kolektivne i individualne vridnosti, ako kani ispuniti ovu dužnost, da potpuno podupira ove stvarne talente.

Za potribne modele i teorije koje potribujemo je znanost nadlažena. Odgovornost, da pridobimo jedan opširni kip človika, se ali ne zna nijednomu oduzeti, ki pedagogično djela, ar je to temelj za potpomaganja svakoga pojedinoga.

---

[1] Artistoteles: Metaphysik. Ins Deutsche übertragen von Adolf Lasson, Jena: Eugen Diederichs, 1907, S. 243

[2] Hume, David: Dialoge über die natürliche Religion. Ins Deutsche übersetzt und mit einer Einleitung versehen von Friedrich Paulsen, 3. Auflage, Leipzig: Felix Meiner, 1905, S. 65

[3] Talenat je za Kanta (1724-1804) ta prednost spoznanja, koja ne odvisi od zapovida nego odvisi od naravne nadarenosti. (Anthrop. § 51). Nach: Kirchner, Friedrich: Wörterbuch der Philosophischen Grundbegriffe. Fünfte Auflage. Neubearbeitung von Dr. Carl Michaelis, Leipzig: Dürr'sche Buchhandlung, 1907. S. 618

[4] Nicolaus von Cues: Von der Wissenschaft des Nichtwissens. In: Des Cardinals und Bischofs Nicolaus von Cusa wichtigste Schriften in deutscher Übersetzung von F.A. Scharpff;. Freiburg im Breisgau: Herder, 1862, S. 75-76

[5] Hegel, Georg, Wilhelm Friedrich: Werke in zwanzig Bänden. Auf der Grundlage der Werke von 1832-1845 neu edierte Ausgabe. Redaktion Eva Moldenhauer und Karl Markus Michel, Frankfurt/M.: Suhrkamp, 1979 (Theorie-Werkausgabe). Bd. 18, S. 179

[6] ebenda

7 Friedrich Albert Lange: Geschichte des Materialismus und Kritik seiner Bedeutung in der Gegenwart. Herausgegeben und eingeleitet von Alfred Schmidt, Band 1 und 2, Frankfurt/M.: Suhrkamp, 1974, S. 359

[8] ebenda

[9] Jean Paul: Vorschule der Ästhetik, S. 823. Digitale Bibliothek Band 2: Philosophie, S. 46169 (vgl. Jean Paul-W, 1. Abt. Bd. 5, S.0)

[10] Rousseau: Emil oder Ueber die Erziehung, S. 1029. Digitale Bibliothek Band 2: Philosophie, S. 22388 (vgl. Rousseau-Emil Bd. 2, S. 379)

[11] Humboldt: Über das Studium des Althertums, und des Grieischen insbesondere, S. 12. Digitale Bibliothek Band 2: Philosophie, s. 30728 (vgl. Humboldt-W Bd. 2, S. 7)

Johann Pehofer

Tehetséggondozás
- lehetőség egy új Európára

Bevezetés

A jelenlegi művelődéspolitikának egyik központi céljaként kell kitűznie a művelődés lehetőségeinek kiszélesítését és javítását, hogy minden gyermeknek ill. fiatalnak saját képessége, érdeklődése és teljesítőképessége szerint tudja biztosítani a megfelelő képzést. Ezzel kapcsolatban nem csak az osztrák törvény, hanem minden ország az Európai Unión belül hangsúlyozza, hogy minden embernek joga van a lehetséges legjobb képzésben részesülni: „A művelődésre való jog senkitől nem vonható meg."[14] Az osztrák oktatási törvény ezen túl utal arra is, hogy a tanár köteles „...lehetőség szerint minden tanulót a természetes adottságának megfelelő legjobb teljesítményig eljuttatni...".[2]

A művelődésügy európaivá tétele csak úgy lehet sikeres, ha fiataljaink szellemi, kreatív és

---

[14] Az emberi jogokra vonatkozó egyezmény 1952 március 20-i 2. cikkelyének kiegészítő protokolljából, melyhez Ausztria 1958-ben csatlakozott. 1964-ben alkotmányrangra emelték a Polgári Törvénykönyv l. cikkelyének (64/1964) emberi jogokra vonatkozó egyezményével együtt.

[2] Vö. az iskolatörvény 17. paragrafusának 1. Bekezdésével (SCHUG)

szociális erőforrásait a lehető legnagyobb mértékben támogatjuk. Ezért a hátrányt szenvedők támogatása mellett a tehetséggondozásnak is a korszerű művelődéspolitika stabil és integrált részéve kell válnia.

A fogyatékosok integrálásának stabilizálása már megvalósult, mivel demokratikus, keresztény és humanisztikus értékrendre alapozott társadalmunkban a gyengékkel szembeni szolidaritásnak magától értetődőnek kell lennie. Az átlagképességgel rendelkező gyermekek támogatását a művelődésről alkotott jelenkori képünk szerint szintén ésszerűnek és hasznosnak ismerjük el. Azonban a különösen jó képességű gyermekek is jogosultak a támogatásra.

„Lényegében kétféle érv hozható fel a tehetséges gyermekek támogatásának legitimálására. Egyrészt utalhatunk minden egyes tehetséges gyermek jogára, másrészt a társadalom érdekeire. Az utóbbival szeretném kezdeni. Mint nyilvánvaló, vannak tehetségek, amelyek a közjót szolgálják – az orvostudomány előrehaladásából potenciálisan mindenkinek nyeresége származik, és a haszon-nyereség összességének szempontjából bölcs dolog lenne támogatni ezeket a tehetségeket. Az a tény, hogy az emberiség még mindig megengedi magának azt a luxust, hogy szegény országok tehetséges gyermekeitől még az iskoláztatást is megvonja, nem csak nagyon igazságtalan, hanem oktalan is, mivel a tehetség túlontúl értékes és híján lévő kincs ahhoz, hogy elpazaroljuk."[3]

Ezért felesleges megkérdőjelezni a különleges tehetségek gondozásának szükségességét. Társadalmunknak minden területen – a gazdaság, a politika, a tudomány, a művelődés, a kultúra és kormányzás területén is – szüksége van kiemelkedő teljesítményekre. Amennyiben ez igaz, társadalmunknak minél hamarabb lépéseket kellene tennie a különleges tehetségek nagyobb támogatása irányába.

Ezzel kapcsolatban azonban mindenképpen elítélendő a tehetséges gyermekek és fiatalok „eszközként való alkalmazása": őket elsősorban a saját érdekeik szem előtt tartásával kell támogatnunk. A képességek és a teljesítő képesség teljes kifejlődése annak a feltétele, hogy a gyermekek személyisége kialakulhasson, és életüket felelősségteljes és értelmes módon rendezhessék be.

Az iskolákban nem ritkán találunk kiemelkedő képességű és szorgalmas gyerekeket. Ha abból indulunk ki, hogy az általános iskolás gyermekek 10-15 %-a átlagon felüli képességekkel

---

[3] HÖSLE, Vittorio: Chancen und Gefahren von Begabung und Begabungsförderung (A tehetség és a tehetséggondozás lehetőségei és veszélyei). Beszéd az evangélikus tanulmányi segélyakció 50 éves jubileuma alkalmából. Schwerte, 1998 5. 16. URL: www.evstudienwerk.de/veranstaltungen/rede_hoe.txt , 1998 12.27.

rendelkezik, így érthető az ezzel járó pedagógiai kihívás.

Út a jelenlegi tehetséggondozáshoz

Európát – a föníciai hercegnőt, akit Zeusz egy bika alakjában vitt Krétára -, nem csak a neve miatt befolyásolja a történelem. Az európai történelem öröksége nem csak a filozófia, a vallás, az államrendszerek és a világnézetek területeit, illetve azok kölcsönhatását hordozza, hanem a pedagógia és az itt kifejtett tehetséggondozás területét is.

A tehetség fogalmát – tehát a különböző kultúrterületeken való qualifikált teljesítés képességét[4] - már az ókorban is megtaláljuk. Nem csak Platónnál, a Phaidros-ban és a Protagoras-ban találunk a tehetség támogatására való utalásokat, hanem Arisztotelésznél és az abderai Demokritesznél is. Platón Phaidea c. művében – kora világképének megfelelően – az *elit* fogalmát kapcsolatba hozta a tehetséggel: „Ha nem lesznek a filozófusok királyok vagy a királyok filozófusok, akkor a szerencsétlenségnek nem lesz vége."[5]

Ezzel csak a filozófusoknak tulajdonít műveltséget: „A platóni elitfogalom mindig is meghatározta a művelődésrendszert. A legjobbaknak, Platón szerint a filozófusoknak, kellene a legmagasabb képzésben részesülniük

---

[4] ARNOLD, Wilhelm: Lexikon der Psychologie. Band 1, Freiburg-Basel-Wien, 1987, 232. old.
[5] vö.: ORTHBANDT, Eberhardt: Geschichte der großen Philosophen. Hanau, o.J., 153. old.

és az elitet alkotniuk. Ebből az ötletből született egy máig fennálló dilemma: A „legjobbakat" vagy már a „magasabb képzést" megelőzően kiválasztják, miszerint természetüknél fogva kiválasztottak, vagy maga a képzés határozza meg, hogy kik a „legjobbak". Így azonban szelekciós nyomás alatt áll a képzés, mert mindenki alkalmasnak és kiválasztottnak érezheti magát. A természet, mint a tehetség „adományozója" megszűnne. A 19. század közepe óta az államilag megszervezett, expanzív oktatási rendszer kialakításával, az *elit* és a *tehetség* fogalma szabályozott értékké vált. A meghatározó szerepű *képzés*fogalom sokáig a megosztottságot is jelentette: kevés átlagon felüli képességű tanulót feltételeztek, mert a gimnáziumok kevés hellyel rendelkeztek. Az iskolaérett gyermekek tömegének el kellett érnie az általános iskolai szintet és ettől függően tekintették tehetségesnek ill. tehetségtelennek. A lassan növekvő középréteg határozta meg, hogy ki részesülhet másodfokú képzésben."[6]

A szelekció és a korlátozott létszámú képzés kritériuma évszázadokra meghatározta a gondolkodást. A hatvanas évek végén került csak sor a *tehetség*fogalom felülvizsgálására: Egy szociológiailag alátámasztott megállapítás, miszerint összefüggés van a szociális réteg és a

---

[6] OELKERS, Jürgen: Begabtenförderung ist nicht identisch mit karrierplanung. (A tehetséggondozás nem egyenlő a karriertervezéssel.) Neue Züricher Zeitung 98 1. 3.
URL: www-x.nzz.ch/format/articles/23.html, 1998 12.28.

képzésre való lehetőség között, leváltotta a hagyományosan elterjedt *tehetség*fogalmat. Heinrich Roth abból indul ki, hogy az individuum fejlődésének a környezet is meghatározó feltétele. Roth után a tehetséget egy dinamikus dolognak tekintették, amelyet a tanulás segít felszínre juttatni. [7] Ő egy dinamikus értelemben vett pedagógiai tehetségfogalmat követel, aminek értelmében a tehetség megelőlegezhető, ill. a környezet által elsajátítható.[8] Az utóbbi években a tudás közös megszerzésének gondolatát, amely sok országban zárt tantervek elkészítését idézte elő, a műveltség szempontjából kétségbe vonták. Az individuumra fektetett nagyobb hangsúly végül egyrészt a differenciálás és az individualizálás tanulóközpontú formáihoz, másrészt a tanárok felelősségén alapuló tanmenetek újra bevezetéséhez vezetett.

Intelligencia és tehetség
Charles Darwin evolúcióelméletével kapcsolatos kutatásait és az általa felhasznált természetes szelekció elvét követve vált az „intelligencia"

---

[7] ROTH, Heinrich: Begabung und Lernen. Ergebnisse und Folgerungen neuer Forschungen. (Tehetség és tanulás. Modern kutatások eredményei és hatásai.) Stuttgart 1972.
[8] ROTH, Erwin, ZSIFKOVICS, Mercedes: Intelligenz, Begabung und Umwelt. (Intelligencia, tehetség és környezet.) ROTH, Leo: *Pädagogik. Handbuch fßr Studium und Praxisl* c. könyvében. München 1991, 134. old.

fogalma a kutatások tárgyává. Az intelligencia tudományos mérésének kísérletére elsőként Francis Galton (1822-1911) vállalkozott, mely az első intelligenciatesztek létrejöttét tette lehetővé. Ezeket az intelligenciát mérő teszteket századunk első felében fejlesztették ki és tették próbára, melyek eredményeként az intelligenciamérés a pszichológia stabil részévé vált.

Az intelligencia mérése mellett egyre több kérdés került felszínre ezen intelligenciaértékek gyakorlati felhasználásáról és alkalmazásáról. Itt elsősorban Robert Sternberg[9] munkáit emelném ki, aki főként az információfeldolgozás lehetőségeit vizsgálta. [10]

Az intelligenciának ez a gyakorlati látásmódja Howard Gardner[11] kutatásához is alapul szolgált.

---

[9] vö.: STERNBERG, Robert J.: Intelligence, information processing, and analogical reasoning. Hillsdale, 1977; STERNBERG, Robert J. (főszerkesztő): Handbook of human intelligence. New York, 1982; STERNBERG, Robert J.: Beyond IQ. New York 1985.

[10] vö.: GARDNER, Howard; HATCH, Thomas: Multiple Intelligences Go To School: Educational Implications of the Theory of Multiple Intelligences. URL: http://www.edc.org/CCT/ccthome/reports/tr4.html , 2.1.1999

[11] vö.: GARDNER, Howard u.a.:Waves and streams of symbolization. Forrás: RUGERS R. (főszerkesztő): The acquisition of symbolic skills, London 1983; GARDNER, Howard: Frames of Mind. New York, 1983; GARDNER, Howard: Symposium on the theory of multiple intelligences. Forrás: Perkins, O (főszerkesztő): Thinking: the second international conference. Hillsdale 1987, 77-

Ő felfedezte az un. „multiplex Intelligenciákat", mely az intelligencia egy új látásmódját tette lehetővé. A tehetség mértékeként most már nem csak az intelligenciahányadost vették figyelembe, hanem a szociális és az egységes egészet alkotó képességeket is. Gardner munkáit igazolják az utóbbi években az intelligenciahányados abszolutizálásáról megjelent kritikák is. A következő pontok mutatnak rá arra, hogy az intelligenciahányados, mint jövőre utaló jelzőrendszer nem helytálló:

• Az intelligenciahányados kevés a tehetség diagnosztizálásához. Mint globális tehetségmérték, sem az intelligencia sajátosságairól nem ad részletes információt, sem az intelligenciatesztek eredményének létrejöttéről.

• Az intelligenciamérésre való irányultság nem elégséges, mert a tehetség nem redukálható csupán az intelligenciára.

---

101 old.; GARDNER, Howard: Die Rahmentheorie der vielfachen Intelligenz. Stuttgart 1994.
Gardner az intelligencia következő területeit különbözteti meg munkáiban:
• Lingvisztikus intelligencia,
• Zenei intelligencia,
• Logikus intelligencia,
• Térbeli intelligencia,
• Testi-kinesztetikus intelligencia,
• Intraperszonális intelligencia,
• Interperszonális intelligencia,
• Naturalisztikus intelligencia (Gardner 1996-ban tette hozzá)

• A mai értelemben vett tehetség az ember és környezete közti kölcsönös kapcsolatot is magába foglalja. [12]

Magából az intelligenciahányadosból valóban nem vonhatunk le logikus következtetéseket. A siker további fontos összetevőinek felfedezéséhez[13] a tehetség és a siker komplexitását kell figyelembe vennünk. Ezért „nem ellentmondásos az az állítás, hogy néha a (szűk értelemben vett) magasabb műveltségűek (tágabb értelemben) alacsonyabb műveltségűeknek számítanak. Igen, a tehetségkutatás eredményeiből sokkal inkább az derül ki, hogy egy 180-as intelligenciahányadossal rendelkező gyermeknek például sokszor nehezebb a tehetségét kamatoztatni, mint egy kevesebb, de még mindig az átlag feletti intelligenciahányadossal rendelkezőnek. Az ezen a területen klasszikusként ismert Leta Stetter Hollingworth a 125 és 155 közötti IQ-t „socially optimal intelligence"-nek nevezte – ami mellett megjegyezendő, hogy az átlagon felüli

---

[12] vö.: HANY, Ernst; SCHAARSCHMIDT, Uwe: Begabte Kinder in der Grundschule. Forrás: LOMPSCHER, Joachim u.a. (főszerkesztő): Leben, Lernen und Lehren in der Grundschule, Berlin 1997, 315 old.

[13] vö.: GOLEMAN, Daniel: Emotionale Intelligenz, München 1998; STERNBERG, Robert J.: Erfolgsintelligenz. Warum wir mehr brauchen als IQ und EQ. Lichtenberg 1998.

tehetségesek csúcsteljesítménye ill. kudarca természetesen nagymértékben függ a társadalmi intézményektől és a környezeti feltételektől. [14]

3. Adottság és környezet

A tehetséggondozást az adottságok és a környezet szempontjából is mindig kritika alá kell vetnünk. „A tehetség kulcsszerepe és a tény, hogy egy szociális státusz az elért műveltségi fokot messze túllépve is megszerezhető, megmagyarázza azt a magas érzelmi elkötelezettséget, mely által csaknem száz éve rendszeres időszakonként kiújul a tehetség 'örökölhetőségéért' folyó harc."[15] Míg Roth[16] követői a környezetre fektettek nagyobb hangsúlyt, addig Harris[17] tavaly megjelent könyve abból a szempontból keltett nagy

---

[14] HÖSLE, Vittorio: HÖSLE, Vittorio: Chancen und Gefahren von Begabung und Begabungsförderung (A tehetség és a tehetséggondozás lehetőségei és veszélyei). Beszéd az evangélikus tanulmányi segélyakció 50 éves jubileuma alkalmából. Schwerte, 1998 5. 16. URL:
www.evstudienwerk.de/veranstaltungen/rede_hoe.txt   , 1998 12.27.
[15] SKOWRONEK, Helmut: Begabumg. (Tehetség). Forrás: Lenzen, Dieter (főszerkesztő): Pädagogische Grundbegriffe (Pedagógiai alapfogalmak), Reinbek bei Hamburg 1989. S 151.
[16] ROTH, Heinrich: Begabung und Lernen. Ergebnisse und Folgerungen neuer Forschungen. (Tehetség és tanulás. Modern kutatások eredményei és hatásai.) Stuttgart 1972, 8. kiadás (1968).
[17] vö. HARRIS, Judith Rich: The Nurture Assumption. New York 1998.

feltűnést, hogy ő az adottságnak adja az elsőbbséget. Üzérkedésnek tűnik Jared Diamond[18] elmélete is, miszerint a szegénység és gazdagság eloszlásának arányát nem az emberek alkati különbözősége, hanem a különböző földrészek klimatikus és földrajzi különlegessége okozza. Amíg ezen a területen csak feltevéseink vannak, addig csak bizonyításra váró feltételezés az is, hogy az emberi személyiség fejlődése egyaránt folyamata és eredménye az önmagát fejlesztő individuum és környezete közötti viszonynak. [19]

Mindebből végül az következik, hogy a tehetség – bármilyen széleskörű legyen is -, a megfelelő tanulási feltételek megteremtésével összhangban, támogatást igényel. „Mert az, hogy a tehetség milyen mértékben függ genetikai adottságoktól, és milyen mértékben a neveléstől ill. a szociális körülményektől, ebben az összefüggésben nyitott kérdés maradhat. A tehetséggondozás akkor is indokolt, ha a szociális körülményektől függő része kevesebb ugyan, de nem annyira elnyésző, hogy figyelmen kívül lehetne hagyni. Wolfgang Amadeus Mozart tehetsége bizonyára születésétől fogva adott volt, de Leopold Mozart

---

[18] vö. DIAMOND, Jared: Arm und Reich – Die Schicksale menschlicher Gesellschaften. (Szegény és gazdag – emberi társadalmak sorsai) Fischer, 1998

[19] GIEST, Hartmut; KLEWITZ, Elard: Erschließung der Umwelt. (A környezet feltárása). Forrás: LOMPSCHER, Joachim u.a. (főszerkesztő) : Leben, Lernen und lehren in der Grundschule, (Élet, tanulás, és tanítás az általános iskolában) Berlin 1997, 243. old.

támogatása nélkül kevésbé tudott volna
kifejlődni." [20]

A gyermekek szellemi potenciálja

Gyakran lebecsülik a gyermekek kognitív
képességeit. Ennek okaként sokszor a tudásbeli
hiányosságaik hozhatók fel, amelyek aztán a
felnőtteknek azok gondolkodásmódjával
kapcsolatos előítéletét váltja ki.
Pedig éppen a filozófiának a gyermekkel
foglalkozó kutatásaiból ismerhető fel, milyen
szellemi potenciál rejlik a gyermekekben.
Hiszen „a gyermekek nem csupán kis
biológusok, fizikusok, kozmológusok,
pszichológusok, geológusok stb., hanem kis
filozófusok és teológusok is. A filozófiában, a
teológiában és a matematikában is, bizonyos
módon a feltételek nélküli gondolkodás és
elmélkedés egyesül, mint a tapasztalati
tudományoknál is. Ezért nem kell
csodálkoznunk, ha már fiatal gyermekek olykor
komoly filozófiai és teológiai kérdéseket tesznek
fel, vagy mély metafizikai elképzeléseik
vannak." [21]

---

[20] HÖSLE, Vittorio: Chancen und Gefahren von
Begabung und Begabungsförderung (A tehetség és a
tehetséggondozás lehetőségei és veszélyei). Beszéd az
evangélikus tanulmányi segélyakció 50 éves jubileuma
alkalmából. Schwerte, 1998 5. 16.
[21] FREESE, Hans-Ludwig: Wie sich die Welt in den
Köpfen der Kinder malt (Milyen képet alkot a világ a
gyermekek fejében). Forrás: Drews, Ursula; Durdel, Anja:
Grundlegung von Bildung in der Grundschule von heute

„Óvakodnunk kellene attól, hogy leereszkedő tudálékos hozzáállásunkkal a gyermekek tudás- és tapasztalatvágyát dogmatikus válaszokkal és tanításokkal csillapítsuk. Inkább azon kellene fáradoznunk, hogy a gyermekek alkotókedvét fejlesszük, kérdéseikre nyitottak legyünk és felélesszük bennük a fantáziát. Nem csak a filozófiában fontosabbak a kérdések a válaszoknál. A gyermekek naiv kérdéseikkel elgondolkodásra indíthatnak minket, hiszen: 'Nincs sürgősebb kérdés a naiv kérdésnél'". [22]
Gyakran filozofálás közben döbbenünk rá, mennyire zseniálisan tudnak gondolkodni a gyermekek. A pedagógiának, mely a gyermeket helyezi érdekei középpontjába, ennek a potenciálnak a fejlesztését egyik legfőbb feladataként kell felvállalnia.

A tehetségesek ill. a tehetség gondozása

A német „Begabtenförderung" (a tehetségesek támogatása/felkarolása) és „Begabungsförderung" (tehetséggondozás) fogalmakat gyakran szinonimaként használják. A

(Alapvető műveltség a mai általános iskolákban). Konferenciai felszólalások. Potsdam 1997, 185 old.
[22] FREESE, Hans-Ludwig: Wie sich die Welt in den Köpfen der Kinder malt (Milyen képet alkot a világ a gyermekek fejében). Forrás: Drews, Ursula; Durdel, Anja: Grundlegung von Bildung in der Grundschule von heute (Alapvető műveltség a mai általános iskolákban). Konferenciai felszólalások. Potsdam 1997, 189 old.

tehetségesek támogatása alatt azonban szűkebb értelemben azoknak a jó képességű gyermekeknek a támogatását értik, akiknek az intelligenciahányadosuk meghaladja a 130-at. [23] A tehetséggondozás – humanisztikus, teljes értelmében – az emberben már meglévő tehetség fejlesztését próbálja lehetővé tenni. Ez nem csak intellektuális képességekre vonatkozik, hanem zenei, sporttal kapcsolatos és szociális képességekre is, és végül az etika és az erkölcs területeire, mint például az önbizalom, kitartás, erős egyéniség stb. Ezek fontos tényezőként járulnak hozzá, hogy az egyén sajátos lehetőségei mely részét, milyen mértékben tudja megvalósítani. Ezért fontos, hogy a tehetséggondozás figyelembe vegye azt a négy tényezőt, melyek befolyást gyakorolnak a tehetségre:

• A tehetségnek a multiplex intelligencia szemszögéből való felmérése,
• Környezeti hatások, mint a családi háttér, gyermekkori támogatás stb.,
• Nem-kognitív személyiségjegyek félelem, stresszhelyzet, motiváció, teljesítőkészség stb. formájában,
• A mérhető teljesítés eredményei.

---

[23] vö.: TÜCKE, Manfred: Psychologie in der Schule – Psychologie für die Schule. Témaközpontú bevezető a pedagógiai pszichológiába leendő tanárok számára. Münster 1998, 146 old.

A tehetséggondozás iskolai megvalósítása

Zulehner szerint az új Európa társadalmának kritériumait az alapvető emberi jogok (munkajog, szabadságjog, emberi méltóságra való jog), valamint az egyes kultúrákon belüli szabadság, szolidaritás és transzcendencia közötti egyensúly figyelembe vételével lehet meghatározni. [24]

A tehetséggondozás Európában tehát feltételezi a gyermekek szabadságát, de ugyanakkor a saját adottságaiknak fejlesztésére való jogot is. Ezzel kapcsolatban nem hárulhat a teljes felelősség az iskolára, mint alrendszerre. Jóllehet eddig történtek próbálkozások a tehetséggondozás jelentőségének hangsúlyozására mind az egyén, mind a társadalom vonatkozásában, ezen túl azonban figyelembe kell venni azt is, hogy az iskolán belüli lehetőségek korlátozottak. Így tehát az iskola – bármely formáját tekintjük – csupán hozzájárulhat a tehetséggondozáshoz:

• A még nem iskolaköteles gyermekek támogatása, főleg a nevelés fontos érzelmi feltételei, teljesen kívül esnek az iskola feladatán. Az „elfogadottság" érzése egyike a legfontosabb feltételeknek, „melyről a gyermekeknek meg kell győződniük, akik mellesleg már nem olyan édesek, hanem

---

[24] ZULEHNER, Paul: Wertvolles Europa (Értékes Európa). Thesenpapier zur Konferenz der Bildungsminister der Europäischen Union in Baden/Wien vom 23-24 Oktober 1998: Bildung ist mehr. BMUkA, Wien 1998

fárasztóak, nekik pedig nehéz szülőkkel van dolguk... Ezen a biztos alapon ugyanakkor a gyermeki boldogság kicsinységekből áll, mely sokkal inkább ered a gyermekek kreatív felfedező ösztönéből és az őket körülvevő világ megismerésének vágyából, mint abból, amit mi adunk nekik." [25]

• Senki nem kötelezhető saját adottságainak fejlesztésére. A tehetség eszközként való felhasználása nem csupán komoly aggály lenne, hanem önmagával ellentmondásos is!

• Az iskolának, mint rendszernek, meg kell felelnie a kvalifikáció, a szelekció és a legitimáció feladatának. [26] Ez azt jelenti, hogy az iskolának minimum követelményeket kell felállítania a diákjaival szemben. „Az iskolának nem ideológiai okokból akadnak egyenlőségproblémái, hanem feladata miatt, mely szerint az alapműveltség egy egyenlőségre törekvő minimumot követel. Ez a „minimum" a történelem során nagyon felnövekedett, anélkül hogy az iskolakötelezettség céljai megváltoztak volna." [27]

---

[25] LIEGLE, Wolfgang: Sag mir, wo die Kinder sind. Forrás: BUCHER, Anton (főszerkesztő): Ich im pädagogischen Alltag. Salzburg-Wien 1998, 53. old.

[26] FEND, Helmut: Theorie der Schule. Wien/Baltimore 1981

[27] OELKERS, Jürgen: Begabtenförderung ist nicht identisch mit Karriereplanung, Neue Züricher Zeitung vom 3.1.98

Ennek a realitásnak a tudatosítása hozzásegíti az iskolát ahhoz, hogy a tehetséggondozással kapcsolatos korlátjait, ill. lehetőségeit mérlegelje. Hiszen az iskolának – mint a művelődés helyének – éppen az a feladata, hogy a rábízott gyermekeket és fiatalokat a lehető legnagyobb mértékben támogassa. Ehhez hozzátartozik olyan ismeretek és kutatási eredmények felhasználása és megvalósítása is, melyek a gyermekek javára válnak. Ha az iskolának sikerül minden gyermeket adottságainak és tehetségének megfelelően támogatni – függetlenül attól, hogy fogyatékos-e vagy kiemelkedő tehetséggel bír – és emellett az egész embert a maga szellemi, lelki, testi és etikai sokrétűségében felkarolni, akkor már teljesítette küldetését egy jövőbeni, békés Európáért.